CONVERSAS CORAJOSAS

ELISAMA SANTOS

CONVERSAS CORAJOSAS

COMO ESTABELECER LIMITES,
lidar com temas difíceis
e MELHORAR OS RELACIONAMENTOS
— *através da* —
COMUNICAÇÃO NÃO VIOLENTA

11ª edição

Paz & Terra

RIO DE JANEIRO
2024

CIP-BRASIL. CATALOGAÇÃO NA PUBLICAÇÃO
SINDICATO NACIONAL DOS EDITORES DE LIVROS, RJ

S234c

Santos, Elisama
  Conversas corajosas: como estabelecer limites, lidar com temas difíceis e melhorar os relacionamentos através da comunicação não violenta / Elisama Santos. – 11. ed. – São Paulo : Paz e Terra, 2024.

  ISBN 978-65-5548-028-3

  1. Comunicação interpessoal. 2. Conflito interpessoal. 3. Coragem. 4. Administração de conflitos. I. Título.

21-70501

CDD: 158.2
CDU: 316.772.4

Leandra Felix da Cruz Candido – Bibliotecária – CRB-7/6135

Texto revisado segundo o novo Acordo Ortográfico da Língua Portuguesa.

Copyright © Elisama Santos, 2021

Direitos de edição da obra em língua portuguesa no Brasil adquiridos pela EDITORA PAZ E TERRA. Todos os direitos reservados. Nenhuma parte desta obra pode ser apropriada e estocada em sistema de bancos de dados ou processo similar, em qualquer forma ou meio, seja eletrônico, de fotocópia, gravação etc., sem permissão do detentor do copyright.

EDITORA PAZ & TERRA
Rua Argentina, 171 – São Cristóvão
20921-380 – Rio de Janeiro, RJ
Tel.: (21) 2585-2000

Impresso no Brasil

ISBN 978-65-5548-028-3

Seja um leitor preferencial Record.
Cadastre-se no site www.record.com.br e receba informações sobre nossos lançamentos e nossas promoções.

Atendimento e venda direta ao leitor
sac@record.com.br

Aos meus filhos, Miguel e Helena, que me ensinaram a abraçar a minha vulnerabilidade. Para estar com eles aprendi a estar comigo. E já não me abandono mais.

"[…] mamãe só me deixou ir embora depois de garantir que estava ao meu lado. Percebi que eu tinha me afeiçoado a ela e que ela havia me libertado. Ela havia me libertado de uma sociedade que me teria feito pensar que eu era a ralé da ralé. Ela me libertou para a vida. E, a partir daquele momento, eu tomei as rédeas da vida e disse: 'Estou com você, pequena.'"

Maya Angelou, *Mamãe & eu & Mamãe*

SUMÁRIO

Prefácio – Joice Berth — 11
Carta ao leitor e à leitora — 17

Capítulo 1
(RE)CONHECENDO A CORAGEM:
O QUE VOCÊ ENTENDE COMO CORAGEM
E COMO ISSO PODE GUIAR AS SUAS AÇÕES — 21

Capítulo 2
PRIMEIRO EU:
A IMPORTÂNCIA DE CONHECER OS PRÓPRIOS
LIMITES E O QUE REALMENTE IMPORTA
PARA VOCÊ — 41

Capítulo 3
MAIS QUE MOCINHOS(AS) E VILÕES(ÃS):
AS PEQUENAS CHANTAGENS EMOCIONAIS
DO DIA A DIA — E COMO SAIR DELAS — 67

Capítulo 4
UM ENCONTRO DE NEUROSES:
QUANDO ENXERGAMOS QUE
RELACIONAMENTOS PEDEM MAIS QUE AMOR — 99

Capítulo 5
O QUE A OUTRA PESSOA QUIS DIZER?:
A SEGUNDA CAMADA DAS NOSSAS CONVERSAS.
OU COMO ESCUTAR PARA ALÉM DAS PROJEÇÕES 127

Capítulo 6
LIDANDO COM TEMAS DIFÍCEIS:
QUANDO A OPINIÃO DO OUTRO PARECE
ABSURDA DEMAIS PARA SER VERDADE 163

Capítulo 7
CADÊ O CONTROLE?:
TIRANDO A VULNERABILIDADE DO CASTIGO 185

Agradecimentos 205
Referências bibliográficas 207

PREFÁCIO

Joice Berth

É possível traduzir a essência deste *Conversas corajosas* em uma única frase: Corajoso é abraçar a convicção de que precisamos conversar.

Mas ele vai além da sua própria essência. Muito além, eu diria. Ele percorre o *quartinho de bagunça* de nossa mente, trazendo à tona, de maneira muito despretensiosa, muitas de nossas inquietações e necessidades, engolidas junto do choro que escondemos no silêncio da noite, na companhia lúdica do nosso bom e velho travesseiro.

O livro descreve com uma generosidade acolhedora caminhos que desvendam os mistérios tão simples e, ao mesmo tempo tão complexos, das relações humanas. Começa abordando um poderoso elemento, que funciona como motivador, mas também como chave para nos abrir as portas as quais, muitos de nós, talvez, ainda sequer saibamos que existem ou que podem ser abertas. Essa jornada não é gratuita, no sentido emocional. Traz muitos ganhos e oferece ferramentas para expandir o melhor que temos e que muitos de nós não sabemos, já que é práxis na sociedade mais punir o parecemos ser do que compreender como construímos essa aparência.

O curioso é que essa ação é práxis porque é única, uma vez que todos agimos assim e experimentamos as consequências dessa atitude naturalizada em algum momento de nossas relações. Mas o ganho maior de embarcar nessa jornada é a descoberta de como as relações humanas podem ser belas. Não por acaso, a autora, Elisama Santos, usa a dança como analogia para compreendermos a reflexão e a prática aqui propostas. Ao acertarmos o ritmo e compreendermos a coreografia proposta, nossas relações fluem, nos divertem, nos tensionam, mas, acima de tudo, nos ensinam a expandir os limites que pensamos ter.

A beleza de que estamos tratando aqui não é aquela dada pela estética física, padronizada, que dita aparências aceitáveis e desejáveis a serem perseguidas, obrigando pessoas a se deformarem para caber em uma única e idealizada forma. Estamos falando da beleza que não vemos, mas que podemos sentir. Não é a beleza palpável, material, que acessamos e que por isso mesmo nos ilude tanto. A verdade da beleza está na impossibilidade de aprisioná-la ou padronizá-la. Por isso nossas relações são receptáculos perfeitos para guardar essa beleza, pois um dos elementos que constituem a boa relação é a liberdade de ser e de apreciar o que o outro é, sem interferência da ilusão ou das armadilhas criadas por nosso inconsciente coletivo e individual.

Diferentemente dessa tal beleza física padronizada (seja dos corpos ou de qualquer outra invenção humana), que solicita intervenções mecânicas para, talvez, se concretizar (concretizar no sentido estrito de endurecer, tornar tudo estático e impessoal), a beleza das relações humanas demanda a intervenção da boa conversa. E é aqui que o elemento fundamental precisa ser utilizado. E que elemento é esse?

A coragem.

Mas nesses tempos de polarização, onde tudo se bifurca de tal forma que estabelece diversos monólogos carregados de violentas manifestações de insatisfação, impossibilitando que as ideias se ramifiquem, a boa conversa consegue intervir e evocar a beleza das relações humanas?

A coragem como componente ativo das nossas conversas é suficientemente boa para acertar nossos desencontros entre ouvir/escutar, dizer/falar? E, principalmente, a coragem pode ser um catalisador das potências de nossas ideias e necessidades, capaz de transformar as ruidosas mágoas e insatisfações, que se formam na lacuna das comunicações entre pessoas?

Pois bem, Elisama Santos, nesta obra tão importante, nos mostra que sim. Ora utilizando suas próprias vivências, ora lançando mão de toda sua bagagem de psicanalista, educadora, escritora e mãe, ela nos conduz a uma viagem transformadora e nada previsível rumo aos questionamentos que abrem as portas do nosso ritmo afetivo. Este é necessário à configuração da nossa coragem, que, quando bem canalizada, nos instrumentaliza para a prática da boa conversa e para a apreciação e o cultivo da beleza das relações humanas.

Relembro aqui a banda Barão Vermelho (lembra?), que, nos idos da década de 1980, esteve nas paradas de sucesso com a música "Pense e dance". Ela chegou até a ser trilha sonora de uma obra da teledramaturgia. Dessa música destaco a frase marcante: "saudações a quem tem coragem"

O gigante Guimarães Rosa, em seu clássico da literatura *Grande Sertão: Veredas*, nos conta através de Riobaldo Tatarana que "o que a vida quer da gente é coragem".

E aqui Elisama nos chama, com a empatia de quem atendeu anteriormente esse chamado, a compreender em qual momento de nossa vida devemos realmente investir coragem. Sim, investir. Porque há pessoas que pensam que coragem se aplica ou se mede por atos grandiosos ou manifestações heroicas, oferecidos ao crivo público quase como um sacrifício ou um pedido de redenção para o suposto pecado do medo (cuja existência é repudiada ou cujo sentimento é admitido).

Mas há aqueles que acreditam que coragem é vencer medos e enfrentar grandes perigos. E talvez esta seja uma das melhores provocações do livro: o que é essa tal coragem? Por que e onde é exigida pela vida?

É relativamente fácil ser corajoso dentro do roteiro estabelecido pela norma social, que costuma exigir mais aparência do que essência. Podemos empreender tais atos ou manifestações cênicas de luta contra o medo. No entanto, haverá algo para desmentir a crença sobre coragem e, principalmente, testar se realmente dominamos ou vencemos o medo. Isso será feito quando nos colocarmos diante do maior desafio social da atualidade, que realmente exige de nós a verdadeira coragem, tão decantada e desejada como validação de nossa altivez humana. Até que nos conscientizemos de que é possível nos abrir para dialogar de maneira franca, justa e eficiente, com o propósito de chegar a um denominador comum, ou ainda mergulhar em experiências complexas que podem assustar, como é o caso da existência humana, em toda sua plenitude, que exige de nós muito mais do que disponibilidade. Exige o exercício da coragem de admitir que pessoas são universos a serem (re)conhecidos, de tal maneira que possamos, lá no fundo, encontrar um espelho que nos auxilie no enfrentamento de nossa própria complexidade.

Talvez, a árdua tarefa que não estamos conseguindo realizar seja justamente derrubar o medo desse processo fundamental para nosso autoconhecimento. E, por isso, ou fugimos dele, ou o envernizamos com agressividades, ranços e hostilidades injustificadas.

> "É importante lembrar que,
> para dançar bem com o outro,
> faz-se necessário dançar bem sozinho."
> Elisama Santos

Pensando sobre o que a coragem significa, acabamos inevitavelmente tropeçando em outro entendimento necessário, que merece ocupar um tempo de nossas reflexões mais produtivas: o medo. O senso comum reveste nosso entendimento para que acreditemos que coragem e medo são antagônicos, opostos. Em suma, coragem seria vencer o medo. Isso não é de todo errado, mas é certamente incompleto, na medida em que nos dá uma rota de fuga para não aprofundar essa ideia. Dominar nossos medos é uma manifestação da coragem.

Mas, para vencer o medo, antes precisamos localizá-lo dentro de nós, ou, mais do que isso, devemos investir coragem para esmiuçar as causas do medo, sua natureza, o momento aproximado que esse sentimento passou a fazer parte de nossa vida tão intimamente, a ponto de criar uma *lombada* emocional. E esse é outro convite presente nas páginas deste livro.

De maneira intimista e segura, Elisama Santos nos estende a mão, e nos sentimos acolhidos com exemplos fictícios e reais que ela nos apresenta, como quem pergunta: vamos tentar?

O brilhantismo deste livro pode ser apreciado em diversos momentos, mas sobretudo naqueles em que afirma e reafirma que nosso maior ato de coragem é não fugir de nenhuma conversa, e, sim, construir estratégias para que elas aconteçam de maneira plena, natural e efetiva.

A autora, dotada de profunda sensibilidade, nos deixa cientes de que todos os caminhos propostos não são fórmulas místicas ou mirabolantes que prometem resolver nossas falhas de comunicação em um passe de mágica. Muito pelo contrário. Ela pontua bem que somos profundezas que colidem com a profundeza do outro para se complementar, se reinventar ou se transformar.

E somente através da coragem que emerge da simples compreensão dessa dança interminável é que conseguimos realmente expandir e ver a expansão do outro, amparar e sermos amparados nesse caminho, identificando belezas delicadas ou turbulências desafiadoras que fazem parte da música que nos conduz a transformações necessárias em nosso comportamento.

Mas a autora também nos alerta que em uma conversa corajosa temos diversos momentos de exercício de coragem, já que principalmente nós, mulheres, somos condicionadas a não estabelecer limites, a aceitar desconfortos desnecessários para não desagradar o outro, a viver em função do bem-estar alheio, mesmo quando isso implica renunciar ao nosso, entre outros entraves que colocam em risco a eficiência daquilo que precisamos comunicar sobre nós. Uma vez que não comunicamos nossas profundezas, desafinamos a música que conduz as relações e damos ao outro o direito inconsciente de também recorrer a esses trunfos para mudar de ritmo ou simplesmente aderir a uma coreografia menos angustiante, embora menos produtiva.

Tomar as rédeas das nossas conversas as qualifica como "corajosas", e isso significa que criaremos um ambiente propício para extrair o melhor delas.

Carta ao leitor e à leitora

Você já parou para pensar no que compõe uma boa conversa? O que faz com que determinados encontros sejam fluidos, leves e vibrantes, e outros, densos e doloridos? O que transforma o encaixe perfeito em um cabo de guerra? Acredito que relacionamentos são como uma dança. Não posso dançar em par ou em grupo se não estou conectada com quem está perto, se não escuto a música e a forma com que ela reverbera em mim e no outro. Não posso dançar com alguém se não entendo um pouco do seu ritmo interno e se não percebo como o ritmo do outro mexe com meu próprio ritmo. Somos diferentes em cada parceria. A dança é uma arte. Relacionar-se, também.

Por vezes, mesmo com muitos esforços, atenção e desejo de dançar lindamente, pisamos no pé do parceiro ou parceira, ou saímos machucados pelos descompassos da vida. Há, também, a dança que parece perfeitamente ensaiada com o outro, mas que não se sintoniza com as batidas do nosso coração e, silenciosamente, machuca. É importante lembrar que, para dançar bem com o outro, faz-se necessário dançar bem sozinho. Conhecer os nossos ritmos, passos, gestos e gostos é essencial para que consigamos dançar com autenticidade. Saber os nossos limites nos faz conscientes do quanto estamos dispostos a abrir mão e do que precisamos cuidar e defender com a alma.

Já dancei quando não queria dançar, apenas para agradar o outro. Já senti quando o corpo inteiro pedia movimento. Já pisei no pé alheio porque estava focada demais nos meus desejos e com pouca disponibilidade para ajustar o passo. Já quis me ajustar ao passo alheio mesmo sabendo que o preço a pagar era alto demais e não valia a pena. Já me violentei, já violentei o outro. Já pedi silêncio gritando, já silenciei meus gritos internos quando tudo o que precisava era liberá-los alto e bom som. E estou assumindo esses meus desacertos aqui, no comecinho do nosso caminho, para que você saiba que nossa relação não se dará de um lugar de desigualdade. Não sou exímia professora da dança das relações, mas uma aprendiz que compartilha o que aprende, enquanto aprende. E que corajosamente assume as próprias imperfeições como parte da própria humanidade. Sou maior que elas, sei disso. E desejo que você saiba que é maior também.

Este livro convida você a exercitar a coragem. Coragem de dizer não. Coragem de dizer sim. Coragem para saber o momento de fechar os olhos e deixar a dança brotar como um organismo vivo entre duas pessoas. Coragem para tirar os sapatos e dançar do jeito mais engraçado e autêntico que você consegue. Coragem para assumir os momentos que pedem uma apresentação solo. Coragem para sentar, chorar, respirar e se recuperar das danças que pediram quase todas as forças que havia em seu corpo. Coragem para recomeçar. Coragem para parar. Coragem para rasgar os manuais que mais oprimem que libertam. Coragem para sustentar os limites. Para respeitar as lágrimas. Coragem para ouvir e para falar, porque não há outra forma de viver com alegria e força que não corajosamente. Coragem para ser você, mesmo quando isso parece uma absoluta loucura.

Conversaremos sobre o significado de coragem e como é importante redefinirmos o que aprendemos sobre ela, dando à palavra um sentido mais amplo e potente. A partir desse aprendizado, conversaremos conosco, com os nossos sentimentos e características, com as nossas belezas e feiuras, abrindo nosso olhar sobre nós e as nossas vulnerabilidades. A partir dos ensinamentos da comunicação não violenta, falaremos sobre como construir conversas que respeitam o outro sem desrespeitarem a nós mesmos. Você vai ganhar um novo olhar sobre os conflitos e tudo o que eles podem ensinar sobre você, sobre o outro e sobre a vida.

Carta ao leitor e à leitora | 19

Nas próximas páginas, vamos desvendar as camadas ocultas das conversas, as falas que deixamos de dizer e escutar. Vou dividir com você histórias de pessoas que acompanhei, com quem convivi ou que escutei nas diversas trocas que experimentei nos últimos anos. Acredito que as histórias nos fazem aprender de um jeito único e especial e, exatamente por isso, elas estão sempre presentes nos meus trabalhos. Espero que, entre os vários contos, encantos e desencantos aqui compartilhados, você consiga encontrar os caminhos necessários para despertar em si a coragem de que necessita para viver com inteireza. Mas, antes que você confunda as coisas, isto não é um manual. Não vou ensinar você a conquistar a autoestima perdida em três dias. Não vou oferecer passos para convencer ninguém a fazer o que você quer, da forma que você quer. Não vamos falar sobre vidas perfeitas, não vamos reduzir a felicidade a frases de efeito, meritocracia e força de vontade. Foco, força e fé não nos levarão a lugar algum sem boas doses de autoconhecimento, autocompaixão e escuta do que está vivo em nós e no outro. Isto é um antimanual. Uma negação dos passo a passo que se multiplicam na velocidade da luz e que reduzem as relações humanas a um jogo previsível de interesses. Somos amplos, imensos, e nenhuma definição universal de sucesso ou felicidade será capaz de abarcar toda a nossa complexidade. Das chantagens emocionais às acaloradas discussões políticas, veremos que somos maiores que um jogo de mocinhos e vilões.

Espero que a nossa conversa desperte em você uma profunda conexão com os seus sentimentos e necessidades. Que você aprenda a sustentar o seu sorriso e as suas lágrimas com igual respeito. Que consiga escutar o outro e trocar passos de dança conectados e harmoniosos pela vida afora. E que jamais esqueça que, independentemente dos erros e tropeços do caminho, você merece amor, carinho e respeito sendo quem você é.

Que não te faltem disposição, amor e energia para começar e recomeçar a dançar sempre que necessário.

Um abraço apertado,
Elisama Santos

CAPÍTULO 1

(RE)CONHECENDO A CORAGEM
O que você entende como coragem e como isso pode guiar as suas ações

Escrever o primeiro parágrafo de um livro é uma missão desafiadora. Provoca aperto no peito e frio na barriga, um frio que mistura borboletas de paixão e medo de estar fazendo merda. Veja bem, eu amo escrever e, modéstia à parte, sei que o faço muito bem. Mesmo após já ter lançado mais de um título (com sucesso), são muitas e muitas as perguntas, os medos e as inseguranças que brotam em minha mente cada vez que decido que é chegada a hora de escrever um novo livro. *Decido* talvez não seja a palavra que realmente faz jus ao que acontece. Eu sinto uma comichão, uma espécie de rebuliço interno, uma coisa viva e pulsante que precisa ir para o mundo na forma de escrita. Apenas obedeço, porque não é o tipo de rebuliço que vai embora fácil. E escrevo. Acontece que, entre essa decisão e as primeiras mensagens de leitores e leitoras me dizendo que amaram o livro, há um longo caminho de ansiedade, oscilação emocional, medo, angústia, euforia, alegria e felicidade. E esse caminho começa agora, com este primeiro capítulo.

Neste primeiro capítulo, preciso equilibrar meu desejo de agradar o leitor e a leitora e fazer com que se interessem pelos capítulos seguintes, com a mensagem que quero passar e que pode doer um tanto e levantar resistência neles. Preciso abaixar o volume da voz interna que me pergunta quem eu penso que sou para escrever mais um livro. Aquela voz, que nos visita dizendo que as nossas conquistas e realizações foram apenas uma pitada de sorte e nos faz duvidar das nossas capacidades. *Lista de mais vendidos de novo, querida? Vai sonhando!* Preciso, também, abaixar o volume da voz que diz que tenho que escrever um livro que seja melhor que os outros ou vou decepcionar a editora e os leitores e leitoras que me perguntam, com enorme frequência, quando virá meu novo sucesso. Preciso desapegar das ideias de sucesso e fracasso, porque ambas deixam os braços pesados demais para que a escrita flua.

Estar sentada em frente ao computador, encarando uma tela em branco, é, para mim, neste momento, um ato de coragem. E por que fui tão específica com esses *para mim* e *neste momento*? Porque, em cada situação, momento ou pessoa, a coragem se mostra de formas diferentes. Já fui corajosa ao dizer "não" para o convite de escrita de um livro que não fazia sentido para mim. Já fui corajosa ao ir, quando o medo pedia que eu apenas me encolhesse e ficasse. Fui corajosa ao ficar, quando as ansiedades e angústias pediam que corresse com a maior velocidade possível, sem olhar para trás. Já tive coragem ao prosseguir e ao desistir. E você também.

Assim que decidi que o tema deste livro seria a coragem de encararmos a vulnerabilidade do encontro conosco e com o outro, perguntei em minhas redes sociais o que cada pessoa entendia como *coragem*. Algumas pessoas me responderam, indicando que são atos:

"É ser uma mulher negra, mãe solteira de dois filhos, sendo um com autismo."

"É acreditar que posso ser um bom pai, acreditar que posso ser bom como vocês, mães."

"É eu ser mãe."

"Coragem é permanecer casada."

"Coragem é me divorciar do marido perfeito, porque meu coração pede isso mais que tudo."

"Coragem é ser eu mesma."

Outras tantas me falaram os conceitos de coragem que abrigam em si:

"Coragem é a força que nos impulsiona a fazer o que precisa ser feito quando estamos anestesiados pelo medo."
"É uma força com a qual nascemos."
"É reconhecer sua humanidade e vulnerabilidade."
"É sentir mais vontade que medo e ir com medo mesmo, porque a vontade é maior."
"É entrar na batalha, com medo mesmo."
"É agir com o coração calmo, sem turbilhão emocional interferindo."
"É ficar de cara com os medos e não ceder."
"Não é ausência de medo, mas força para seguir."
"Coragem é ter fé."
"É se despir emocionalmente, sem medo dos julgamentos."
"Um sentimento intenso, firme e fomentador de atitudes, sejam movimentos ou permanências."
"É como o parto, você sabe que vai acontecer e, mesmo com medo, você mete a cara e vai."
"Olhar para si mesma com realidade e encontrar carinho e amor."

Foram tantas as respostas, que seria impossível compartilhar todas aqui. Ler cada uma delas foi uma experiência única, porque me conectou com a diversidade de um conceito muito utilizado e, talvez por isso mesmo, tão esvaziado. A forma com que encaramos a coragem e como nos vemos atendendo ou não aos nossos padrões interfere na nossa disposição e força para seguir. Interfere na quantidade de *nãos* que engolimos enquanto dizemos "sim" para o outro. A realidade é que todos nascemos com predisposição para a coragem, capazes de pequenos e grandes atos corajosos. Todos experimentamos a coragem muitas e muitas vezes ao longo da jornada, mesmo que não tenhamos dado para os nossos atos esse nome. E, quanto mais reconhecemos e treinamos o músculo da coragem, mais forte ele fica. E mais vivos e felizes nos sentimos.

Fazendo as pazes com o medo

Muitas das respostas que recebi nas redes sociais traziam o medo como parte da definição de coragem. Dificilmente pensaremos em um sem trazer o outro à mente. O medo nos diz que devemos deixar as coisas como são, que não devemos nos mexer, salvo se for para algum lugar mais seguro. A coragem, por sua vez, nos convoca ao risco, ao incerto, ao que não tem controle. O medo odeia a possibilidade, por mais remota que seja, da falta de controle com o resultado. Ele treme ao imaginar que pisaremos em um solo que não pisamos antes. Faz o corpo suar, as pernas tremerem, os braços pesarem, o calor interno esfriar. Repete obsessivamente o *Pare*, como uma canção infantil grudenta, dessas que não saem da cabeça, por mais esforços que façamos. E os pensamentos de que não conseguiremos e não seremos bons o suficiente gritam em um tom tão ensurdecedor que fugir ou lutar parece a única opção possível.

Acredito que escolher a coragem é lembrar que existem mais opções que as enumeradas obsessivamente pelo medo. Lembrar e escolher outras opções não significa que o medo irá desaparecer e será completamente suprimido por uma onda de coragem que nos fará esquecer as possíveis consequências dos nossos atos. Agir corajosamente nada tem a ver com destemor. Não chegaremos ao ponto em que o medo desaparecerá por completo. Decisões importantes trarão verdadeiros turbilhões emocionais a nós, e isso não diz respeito à nossa covardia ou bravura, mas à nossa humanidade. Aceitar que todas as sensações físicas e emocionais que o medo traz fazem parte da nossa experiência neste mundo nos tira do modo *batalha contra o medo*. Não há batalha. Você não está em guerra. Baixe as armas, porque essa percepção desperdiça energia e força. Você não vai derrotar o medo.

Lembro que, na minha infância, havia uma propaganda de TV que conseguia ilustrar muito bem o que significa o medo. Em cena, mãe e pai conversavam quando a criança informava que iria sair para andar de bicicleta com os amigos. Os pais, com receio dos machucados e dores possíveis, enrolavam a criança com plástico bolha, espumas, EPIs e, para finalizar e deixar clara a forma que enxergavam o próprio filho, colavam nele um adesivo escrito FRÁGIL, em letras grandes e chamativas. Você se imagina em guerra com esse pai ou essa mãe, que confunde insegurança com cuidado? Que perde a mão no momento de deixar a cria viver o que precisa viver e deseja que ela simplesmente fique parada em uma redoma? Esses pais não precisam de guerra, mas de limites. O medo também.

Os cuidadores que superprotegem não estão errados em todas as suas tentativas de cuidado. Observar os riscos, evitar machucados desnecessários e ponderar as atitudes mais adequadas a serem tomadas é importante para a manutenção da vida. Sentir medo nos impede de atravessarmos uma avenida movimentada em horário de pico e de pular do vigésimo andar apenas para experimentar a sensação de voar por alguns segundos. Portanto, ele é essencial para que você aumente as suas chances de viver mais alguns anos. O problema é que essa preocupação é, por vezes, exagerada. E perdemos a perspectiva dos riscos que valem ser vividos e dos que não valem.

Em uma cena do filme *Procurando Nemo*, a personagem Marlin, pai de Nemo, em uma conversa com a Dory sobre o filho, diz que prometeu a Nemo que nada lhe aconteceria. Dory, com um olhar surpreso e intrigado, responde: "Coisa estranha de se prometer. Se nada acontecer ao Nemo, então NADA vai acontecer ao Nemo!" Parece muito óbvio, mas não é. Se prometemos que nada vai acontecer, então, nada vai acontecer. Podemos evitar os joelhos ralados da queda da bicicleta, mas também estaremos evitando o coração acelerado de êxtase que as primeiras pedaladas provocam. Evitaremos o vento no rosto, a sensação deliciosa de se levantar depois de uma queda e seguir. Evitaremos a companhia dos amigos, as gargalhadas e a diversão com o grupo. Não acontecer nada não é uma boa opção.

Marina cresceu em uma família praticante ativa do catolicismo. Participava de todos os encontros e missas da igreja, e foi em uma delas que conheceu o marido. Após anos de casados e de uma vida construída seguindo as regras da religião, percebeu que as crenças que faziam sentido para a menina já não se encaixavam na vida da mulher que se tornara. Acontece que abrir mão da religião não era uma coisa simples, visto que o catolicismo fora parte constituinte de sua própria personalidade e uma das bases que sustentava a relação. A ideia de ter uma conversa para comunicar ao marido que havia mudado as suas crenças pessoais lhe despertava um medo indizível. Ensaiava várias e várias vezes dizer o que pensava, mas a coragem parecia se esvair cada vez que ficavam frente a frente. Tinha medo de perder o parceiro, o companheiro, o amigo. Achava que a reação dele lhe traria uma dor que não conseguiria suportar. Foram meses de conversas com o terapeuta e com o espelho, de idas às missas e aos encontros sem a mais remota vontade, porque o medo a paralisava e fazia parecer que as opções que tinha eram apenas duas: silenciar as suas novas descobertas sobre si mesma em nome do casamento ou abrir mão da relação em nome do que descobrira sobre si mesma. Enredada nos caminhos estreitos criados pelo medo, via-se oprimida pela própria vida. Até que a vontade de assumir as próprias escolhas gritou internamente em tom tão alto que Marina decidiu que, se o preço para assumir as suas crenças era terminar o relacionamento, ela o pagaria. Viveu, então, um processo interno de despedida do casamento e do marido. Quando finalmente decidiu conversar com ele, certa de que o final da relação era inevitável, percebeu que seus medos a fizeram perder a clareza da situação. Não existiam apenas as duas opções que foram obsessivamente repetidas por todo aquele tempo. Em um diálogo, que foi acolhedor, amoroso e honesto, descobriu que ser leal com quem era tornava a relação ainda mais forte. E descobriu, também, que muito mais coisas a uniam ao marido além da religião.

Conversas são, por sua própria natureza, incontroláveis. São vivas e brotam do encontro com as nossas profundezas e as profundezas do outro. Conversas ditas difíceis, que envolvem decisões importantes, então... Não sabemos a reação que a nossa fala despertará, não sabemos como vamos agir ou o que vamos sentir diante do que nascerá na troca com o outro. Como não sentir medo dessa construção? Da nossa vulnerabilidade, que se apresenta de forma tão intensa nessa ausência de certezas e previsibilidade? Como não sentir as mãos suarem e o estômago doer quando, dos rumos da conversa, podem sair os novos rumos da nossa vida? Crises no casamento, incômodos no trabalho, dificuldades na relação com amigos. Que caminhos podemos tomar para respeitar o que é importante para nós sem que atropelemos o outro? E como podemos respeitar e cuidar do outro e da relação sem machucar pedaços importantes de nós mesmos?

Ao acreditar que existiam apenas duas possibilidades, Marina caiu em uma das maiores ciladas que o medo nos impõe: a certeza de que estamos em uma bifurcação, com apenas duas saídas e nenhuma chance de retorno. Que as nossas opções são determinantes e urgentes. Entretanto, quando sussurra em nossos ouvidos as suas previsões trágicas, a mãe superprotetora está nos fazendo a promessa que o Marlin fez para o Nemo. E, em vez de gritar que ela está agindo como uma louca e entrar na tal batalha contra o medo, precisamos agradecer a sua preocupação, colocar limites em seus devaneios e seguir. Não temos a opção de seguir o nosso rumo sem essa voz, apavorada, nos dizendo que devemos ficar imóveis. Mas podemos entender que ela tem o lugar e o momento certo de ser escutada, momento esse que normalmente inclui um perigo real e intenso, como estar de frente para um leão, ou a poucos passos de cair da sacada do prédio.

Quanto mais importante a decisão, a conversa, o passo que daremos, mais alto a voz apavorada falará. E por vezes os primeiros movimentos serão com ela gritando muito alto em nossos ouvidos. Por vezes, dou ao medo um tempo para expor todos os seus pavores em minha mente. *Querido medo, você tem vinte minutos para correr solto e livre. Aproveite. Acabado o tempo, você vai me deixar trabalhar, amar, sorrir, chorar e viver sem me ameaçar a cada suspiro. Todas as vezes que aparecer fora de horário, eu vou te lembrar que podemos nos encontrar amanhã.* Como um filme de terror assustador, deixo que fale, que desenhe os piores cenários, que me diga todas as inúmeras possibilidades de fracasso que me esperam na próxima esquina. E, após visualizar a criatividade *over* da minha mente roteirista de dramalhões mexicanos, eu respiro e sigo.

Tudo o que ele cria em nossa mente são apenas pensamentos. Somente pensamentos. Por mais que a voz falhe, que a garganta seque, que as pernas tremam e o corpo pareça uma fonte de sensações assustadoras, a maior parte dos nossos medos é apenas uma projeção assustada da nossa mãe superprotetora. Que diminui com o nosso cuidado emocional e com nossa exposição. Por vezes, apenas experimentar a situação nos fará enxergar, assim como Marina, que a vida possui mais possibilidades do que as que imaginamos. Nos próximos capítulos, falaremos da construção de conversas que corajosamente cuidam do que importa para nós e para o outro. E não vejo forma de iniciar essa conversa senão olhando para a nossa coragem — e para os nossos medos — de perto.

Muito além de acolher, nomear e defender o que importa para nós, precisamos entender que o outro também possui o direito inalienável de fazê-lo. Já parou para pensar nisso? Encontrar-se honestamente com o outro é encarar de frente a possibilidade de conhecer lados nossos e dele que não queríamos. De escutar "não", de ter os planos desfeitos e refeitos. Não há certeza de final feliz, não vivemos em um musical da Broadway. Marina poderia ter escutado que a religião era um ponto essencial para a manutenção da relação e que, assim como ela precisava cuidar do que importava para si mesma, ele também precisava cuidar do que importava para ele mesmo. Muitas vezes preferimos a dúvida e ficamos aprisionados em situações que nos oprimem, porque acreditamos que não conseguiremos lidar com o que o outro realmente quer e pensa. Chantageamos, manipulamos, choramos, sofremos e fazemos sofrer tentando evitar um colapso que já existe. Tapamos o sol com a peneira, porque, assim como podamos a nossa subjetividade, não suportamos enxergar a subjetividade do outro. O que aconteceria se a conversa com o marido não acontecesse? Fingir que estava bem faria as suas angústias e seus medos desaparecerem? Ficaria feliz, de uma hora para a outra, por decidir silenciar a própria dor? Desistir da conversa seria uma das formas possíveis de lidar com um caos, não de evitá-lo. O colapso já havia acontecido, afinal.

Mulheres, homens e a coragem

Há um contexto social para lidar com a coragem, e não podemos encarar as nossas formas de vivenciá-la sem olhar para o que aprendemos quando éramos crianças. Meninas não são educadas para serem corajosas. São treinadas, desde muito novas, para serem perfeitas. "Não bagunce o cabelo!", "Sorria!", "Se comporte, você é uma mocinha!", "Você não consegue fazer isso, deixa que eu faço!", "Não incomode!", "Seja boazinha!", "O que a tia vai pensar de você?". As frases que aprisionam meninas em um papel de criaturas boazinhas que fazem todos felizes são inúmeras e, sem nenhuma dúvida, tomariam páginas e páginas de um livro. Quer fazer um teste? No próximo aniversário de criança que você participar, observe os pequenos brincando. Perceba quantas vezes as mães e os pais de meninas levantam para ajeitar-lhes os cabelos, os laços, fitas e enfeites da roupa. Quantas vezes se aproximam dizendo que vão cair, que não podem subir aqui ou ali. Quantas e quantas vezes gritam: "Você está de vestido, não pode brincar assim!" Perceba em quantos segundos estão ao lado delas quando caem ou se machucam.

Que mensagens as meninas recebem ao serem tratadas assim? De que forma aprendem a enxergar as próprias possibilidades e impossibilidades? Se todos já temos os cuidadores que superprotegem dentro de nós, o que acontece quando as pessoas ao redor amplificam essa voz e suas preocupações? O que acontece quando os adultos que socializam essa menina estão tão empenhados quanto o medo de não deixar que nada lhe aconteça? *Risco* vira a grande palavra proibida. Mulheres são obcecadas por fazer o que é certo, do jeito certo, chegando a um resultado perfeito, e isso não é algo biologicamente explicável, mas uma produção social passada de geração a geração em diversas culturas.

Uma pesquisa realizada em 2014 pela famosa empresa de tecnologia HP constatou que mulheres só se candidatam a uma vaga de emprego se preenchem 100% dos requisitos da vaga, enquanto os homens se candidatam com cerca de 60% das habilidades exigidas. Arriscar não ser perfeita é algo impensável para a maioria das mulheres. Aprendemos a jogar o jogo do tudo ou nada desde muito novas. Ou somos absolutamente perfeitas no que fazemos, ou simplesmente não tentamos! Em seu livro *Corajosa sim, perfeita não*, Reshma Saujani descreve um comportamento muito comum nas alunas do curso de programação Girls Who Code, oferecido pela sua empresa:

> Todas as professoras contam a mesma história. Em algum momento das primeiras aulas, uma garota chama a professora e diz que não está conseguindo. A professora olha para a tela e vê que a página do editor de texto está em branco. Se ela não soubesse o motivo, pensaria que a aluna passou os 20 minutos anteriores contemplando a tela. Mas basta clicar em "Desfazer" algumas vezes para constatar que a aluna de fato escreveu linhas de programação e apagou tudo. Ela tentou. Quase conseguiu. Mas não fez tudo absolutamente certo. Em vez de mostrar quanto tinha conseguido avançar, preferiu não mostrar nada. É perfeição ou nada.

Mulheres escolhem empregos seguros, namoros seguros, fazem cortes de cabelo seguros. Sim, cortes de cabelo. Em regra, mulheres não se arriscam a mudar radicalmente o corte ou a cor dos cabelos, mesmo sabendo que não é algo definitivo e que, em poucos meses, ele volta ao *normal*.

Se a tentativa de fazer algo novo é assustadora e contrária a tudo que a mulher foi ensinada a fazer, os níveis de dificuldade alcançam patamares estratosféricos quando acrescentamos à equação o relacionamento com o outro. Meninas são presenteadas com bonecas e utensílios domésticos, são treinadas a cuidar e pensar no outro em quase todas as suas ações. Fazer o outro feliz é parte da definição de ser uma boa esposa, mãe, filha, profissional. Fomos educadas para desejar o reconhecimento constante do outro, tendo a aprovação e os elogios como combustível para continuar caminhando. Ofereça possibilidades de uma viagem ou passeio a uma mulher e certamente ela irá pensar, antes de tomar a decisão, em todos que estão diretamente ligados a ela no seu dia a dia. Qual é o lugar a que os filhos desejam ir, qual o preferido do namorado, qual é o sonho da mãe. Inúmeras vezes me pego priorizando o funcionamento familiar sem sequer considerar o que realmente quero. Esse comportamento tem um preço que inclui, geralmente, ressentimento, mágoa, estresse e a necessidade de calmantes para conseguir dormir. Não digo que devemos ser egoístas e pensar apenas em nós, mas precisamos saber o que queremos para saber os nossos limites em nossas negociações.

Há um tempo li a respeito de um experimento realizado pela rede norte-americana de TV ABC News em parceria com o psicólogo Campbell Leaper, professor da Universidade da Califórnia. Os pesquisadores distribuíram limonada com sal para grupos de meninos e meninas e perguntaram se acharam boa. A maioria dos meninos, antes mesmo de serem perguntados, demonstraram a sua insatisfação com um "Eca, que horrível!". Já as meninas tomaram TODA a limonada e só falaram do gosto intragável do líquido após certa insistência dos pesquisadores. Quando eles perguntaram por que elas beberam e não falaram nada, a resposta foi: "Não queríamos que eles ficassem chateados." Assim que li fiquei chocada, não somente porque as meninas, que tinham por volta de 9 anos, tomaram uma limonada intragável e não falaram nada, mas porque, dependendo da situação e do momento, eu também não diria. Certamente não beberia, mas provavelmente deixaria de lado, sorriria educadamente e seguiria sem deixar claro que achara terrível o gosto do líquido. Chocada com essa constatação, liguei para algumas amigas. "Se uma pessoa te oferecesse uma limonada com sal em vez de açúcar, você diria que estava ruim?" A resposta de todas elas foi a mesma: "Depende!"

As tentativas das meninas se posicionarem e reclamarem de algo são imediatamente rechaçadas pelos adultos próximos. Dizer o que pensa, demonstrar limites e reclamar de qualquer coisa é motivo suficiente para receber o rótulo de menina malcriada. E Deus nos livre de recebermos esse rótulo, porque meninas malcriadas não são elogiadas, não recebem nota 10, não são o exemplo. São aquelas que não devemos ser. Queremos elogios, queremos ser reconhecidas. Ser a melhor vicia. Nós nos viciamos em reconhecimento e elogios e não percebemos que eles deixaram de fazer o efeito fantástico que faziam à medida que crescemos. Elogios não nos dão paz e tranquilidade, não cuidam dos nossos interesses, não melhoram as nossas noites de sono. Ser a menina dos olhos do papai e a preferida da professora da pós-graduação não tem o mesmo efeito de quando tínhamos 5 anos e tirávamos 10 nas provas. A vida adulta não fica mais fácil quando se é perfeita. Mas a maioria das mulheres não sabe disso.

Enquanto as meninas foram treinadas para serem impecáveis, perfeitas, lindas e educadas, os meninos foram treinados para desafiarem de frente o medo e a gravidade. Ganham carrinhos, blocos de montar, espadas. São estimulados a levantar depois da queda e a tentar novamente e novamente. Lembra do exemplo que citei sobre a festa de aniversário infantil? Quantos pais e mães de meninos você vê levantando para pentear os cabelos dos filhos ou limparem incessantemente as suas roupas? Quantas vezes impedem que escalem, corram e tropecem? Quantas e quantas vezes a palavra *coragem* é usada na educação dos meninos? O grande problema é que essa tal coragem, tão estimulada nos meninos, se reflete em bem pouca habilidade em lidar consigo e com o outro nas relações. A confusão entre coragem e bravura torna os meninos mais destemidos, quase irresponsáveis nos desafios da vida, mas imaturos e pouco inteligentes emocionalmente nas relações.

Certa vez, enquanto me preparava para uma palestra, uma moça se aproximou. Em um tom de voz baixo, contou que estava muito feliz em participar do evento, mas acreditava que não ficaria até o final, porque estava com o marido, um militar endurecido pela vida, e ele tinha aceitado ir depois de muita insistência sua. Sorri, disse que entendia, nos abraçamos e ela seguiu para a cadeira. Volta e meia, durante o evento, eu olhava na direção dos dois. Ela sorrindo, ele, sério. Assim que o evento acabou, uma fila para autógrafos dos livros se formou. Para a minha surpresa, ele estava na fila, ela, não. O tema do encontro tinha sido as emoções e eu sei que pode levantar grandes resistências em quem escuta, por isso tive um tanto de receio ao ver o homem alto e de feição dura na fila. Na sua vez, ele me abraçou. E chorou. "Pela primeira vez na vida, o menino que eu fui recebeu colo. Eu nem sabia que isso tinha me feito falta. Obrigado."

Aos meninos, apenas uma emoção é validada e permitida: a raiva. Podem sentir raiva, brigar, gritar, surtar, bater. Todo o resto lhes é reprimido. Medo? Não pode! "Você é um homem ou um saco de batatas?" Tristeza? Jamais! "Homem não chora!" Assim como as frases sobre ser uma boa menina são quase impossíveis de serem listadas, as frases sobre engolir as emoções e demonstrar *força* para os meninos são infinitas. Falta-lhes colo, carinho, conversa. A simples informação de que um bebê é um menino ou uma menina já determina o tom de voz, o número de palavras e o jeito que as pessoas vão falar! Um bebê! À medida que crescem, essa diferença só aumenta. Como mãe de um menino e de uma menina, vejo essa construção de homens frios e incapazes de lidar com as próprias emoções diariamente. Meu filho é menos abraçado e acolhido que a irmã. As pessoas cobram dele uma postura menos emotiva e arrematam com a frase absurda: "Você já é um homem!" Ele escuta que já é um homem desde os 2 anos, como se uma única palavra pudesse resumir toda a infinidade de possibilidades de suas ações.

Sem conseguir vivenciar a tristeza, a frustração, o medo, a angústia e todas as outras emoções humanas, os homens ficam presos na raiva e na irritabilidade. Bravos, mas não corajosos. Meninos assustados e solitários aprisionados em homens com caras furiosas. Mesmo os mais calmos e tranquilos, diante dos desafios, tendem a explodir, por terem aprendido que existem apenas duas opções: engolir ou gritar. Oscilam entre raiva de si mesmos, do outro ou da vida. Se a coragem está diretamente ligada a seguir o coração e cuidar do que está vivo nele, é impossível praticá-la sem um olhar atento às próprias emoções. E a educação destinada aos meninos os afasta dessa conexão.

Veja bem, nenhuma dessas constatações é uma sentença sobre como você irá lidar com os seus sentimentos e os do outro nas relações. Não é um aprisionamento, mas justamente o oposto, uma libertação. Saber que mulheres são socialmente treinadas para cuidar do outro e anular os próprios desejos nos faz perceber que a vontade de calar, se encolher e duvidar da própria força é algo esperado e que não fala da nossa coragem, não mede as nossas capacidades. Saber que homens são educados para não escutar — a capacidade de escuta é diretamente proporcional ao quanto somos educados — e que são estimulados a impor as próprias vontades sem considerar o outro e as suas necessidades pode torná-los mais atentos aos seus impulsos e ao que importa para o outro. Estar consciente dessas informações nos faz perceber que a coragem é uma escolha difícil. Não é o natural para a maioria de nós. Não é o caminho que tomaremos automaticamente. Pede esforço, dedicação. Pede a capacidade de respirar fundo, sentir o medo gritar alto... e ir com ele mesmo.

Quando o nosso valor não está em jogo

Comecei a dividir um pouco da minha vida e rotina nas redes sociais em 2015. Em um lugar onde todo mundo postava as melhores fotos, os melhores sorrisos e os seus melhores lados, eu escrevia sobre as minhas dificuldades na vida de mãe. Estava em casa, com um menino de 2 anos e um bebê de 7 meses. Era o meu segundo puerpério, e a maternidade estava bem longe de ser o mar de rosas com cheiro de jasmim que reinava nos compartilhamentos dos outros. Eu amava meus filhos, não me arrependia de tê-los, mas não me sentia completa, plena e todas as coisas que dizem que boas mães sentem. Escutei, diversas vezes, que era muito corajosa em falar tudo aquilo. Eu não via nenhum texto ou crônica questionando se o papel exercido pela mulher na sociedade é um ato de coragem. Eu apenas estava sendo honesta com o que sentia, nem mais nem menos.

Com o tempo, a maternidade saiu do foco da minha escrita, e passei a falar mais sobre como lidar com os comportamentos desafiadores dos meus filhos. Tanto estudo e conhecimento precisava ser compartilhado. Eu queria transbordar o que estava aprendendo. Aos poucos me tornei umas das maiores referências sobre não violência no país. E a minha escrita continuava — e continua — honesta com o que eu vivia, e isso quer dizer que eu dividia mais que os meus acertos. Lembro de certo dia ter escrito que tinha gritado com as crianças até a garganta doer. Expliquei o que pensava, o que estava sentindo, o motivo pelo qual o grito explodiu como um pedido de socorro. Pouco tempo depois, uma pessoa querida me ligou. "Como você tem coragem de escrever algo assim? Como você fala isso na internet, você ensina sobre educação, não pode falar que agiu assim!" Eu sorri, acolhi a preocupação e disse: "Eu faço merda, essa consciência me faz cada vez melhor. Meus erros não mudam o meu valor."

Não encaramos as nossas feiuras, porque acreditamos que, se assumirmos os nossos lados mais sombrios, não teremos o mesmo valor. Não seremos merecedoras de amor, de carinho e de respeito. Só gente boa merece isso. Queremos pertencer ao grupo das pessoas boas, então mentimos para nós mesmos sobre o que sentimos, sobre quem somos, sobre o que vivemos. Temos um medo tão grande de olhar para o que vive em nós que nos agarramos à personagem que criamos para sermos amados e aceitos. Acontece que o mundo não se divide entre pessoas boas e pessoas más. Jung dizia que a totalidade não é a perfeição, mas o ser completo. Melhor ser inteiro a ser bom. Aprender que nosso valor não está no quanto nossas características são socialmente aceitas nos impulsiona à coragem de assumir todos os nossos lados. Ser inteiro é uma escolha mais corajosa que buscar a perfeição.

Nenhum de nós nasceu duvidando do próprio valor. Nenhum ser humano nasceu com medo de chorar demais e perder o amor do adulto que lhe cuidava. Ao nascermos, simplesmente sabemos que somos maravilhosos como somos. O conceito de bondade não está fora, mas dentro de nós, não exclui pedaços nossos, mas acolhe todos. Contudo, conforme vamos crescendo, os adultos próximos nos mostram que esse amor não é tão garantido assim. Que a bondade não está em acolhermos todos os nossos lados, mas em mostrar para o outro apenas os pedaços que ele quer ver. Papai não gosta de mim quando sinto raiva? Aprendo a engolir a raiva e a mentir sobre a sua existência. Mamãe me diz que reclamo demais e isso a deixa triste? Aprendo a reclamar mentalmente enquanto sustento um sorriso no rosto. Ou reclamo e me considero alguém muito ruim por agir assim. De repente, alguns pedaços nossos parecem equivocados demais, falhos demais, ruins demais. São feios e não combinam com a beleza que aprendemos que devemos ter. Mostrar cada um desses pedaços nos faz menos merecedores de amor. Diminui o nosso valor.

Demorei a entender que todo "Você é tão corajosa por dividir isso com a gente!" partia de um lugar de "Você não tem medo de que deixem de gostar de você?". Os abraços, os beijos, o carinho, a admiração e, em tempos de redes sociais, os *likes* são prêmios de bom comportamento. Aprendemos isso. Temos essa convicção profundamente inserida em nossa mente por uma educação baseada na recompensa e na punição e não temos coragem de convocar todas as nossas partes a conviverem juntas. A serem integradas em nós. Mentimos para nós e para o outro, como a criança que quebrou o brinquedo da irmã por ciúme e tem medo de ser castigada pelos pais. Mesmo com os pedaços estilhaçados do brinquedo nas mãos, ela chora, diz que não quebrou e nega o próprio ciúme, porque não pode perder o amor do papai e da mamãe.

O que você vai descobrir sobre si quando tiver coragem de assumir as próprias feiuras? Só aprendemos a lidar com o que aceitamos que existe, portanto, para que as nossas feiuras não nos dominem e passem a dominar as nossas ações, precisamos aceitá-las. Precisamos reconhecer que são partes importantes de nós mesmos. E que, em uma situação, a característica pode nos ajudar e, em outra, nos atrapalhar, como qualquer coisa na vida. A diferença entre o veneno e o remédio está na dose. Tenho acolhido a Elisama que treme de raiva e que perde a paciência quando provocada. Ela é incrível quando se depara com injustiças. Tenho acolhido a Elisama mandona. Ela é maravilhosa quando o caos impera e precisamos de um direcionamento rápido e eficaz. Acolho a Elisama impulsiva, quase irresponsável, ela é a mola propulsora de grandes mudanças na minha vida. Acolho a Elisama sedenta por aprovação, ela tem a sua função em aumentar o padrão de qualidade do meu trabalho. Acolho a Elisama codependente que deseja ver todo mundo feliz, ela me ajuda a ter empatia com quem está ao meu redor e a me conectar com o sentimento do outro com muita facilidade.

Desreguladas e mal trabalhadas, elas podem me dar muita, muita dor de cabeça. Atrapalham a minha relação comigo e com o outro, e só conhecendo cada uma delas posso lidar com essas características de maneira saudável. A Elisama que treme de raiva pode reagir com agressividade em momentos completamente desnecessários. Pode procurar brigar com a própria sombra nos seus piores dias. A Elisama mandona vira uma tirana insuportavelmente controladora se não encontra os limites colocados por mim. Tem uma enorme tendência a querer tudo do seu jeito, desde a posição do papel higiênico no suporte do banheiro à forma de trabalho do marido. Juro que ela consegue ser bem louca. A Elisama impulsiva é um perigo se não encontra a que está se esforçando diariamente para se tornar ponderada. Os seus impulsos vão desde comprar utensílios domésticos completamente inúteis a decidir mudar de casa e bairro de uma hora para a outra. A Elisama sedenta por aprovação pode ler o mesmo comentário criticando-a em um de seus posts nas redes sociais 457 milhões de vezes e escrever 747 respostas diferentes e não enviar nenhuma. Ela repassa obsessivamente na cabeça uma fala errada ou um gesto *inadequado*, tentando consertar o que não tem — e não precisa — de conserto. A Elisama codependente pode colocar a felicidade do outro acima da sua própria, se anular e depois se afundar em raiva e ressentimento. Ela tem uma forte tendência de se definir pelo que faz e não por quem é.

Consegue perceber que nenhuma das suas características é boa ou má? Que nenhum pedaço seu precisa ser excluído e apartado do todo? Que você é bom ou boa como é e que conhecer os pontos fortes e sensíveis de cada lado seu vai fazer com que seja mais inteiro e mais potente? Nenhuma das suas descobertas sobre si mesmo interfere no valor que você tem. Boas pessoas, que possuem somente características fofas e lindas, que sentem apenas sentimentos que cabem no cartão de dia das mães, pais ou namorados, não existem. Simplesmente não existem. Nenhum gesto, ato, característica ou descoberta sobre você muda o fato de que você merece amor, carinho e respeito. Você faz merda, erra e tem pensamentos horríveis. Eu também. E tudo bem.

Um novo conceito de coragem

Quando liguei para Marina e falei que dividiria a história sobre como ela comunicou ao marido sobre as mudanças em sua forma de ver a vida, porque ilustraria bem o que eu queria falar sobre coragem, ela me respondeu: "Mas eu não fui corajosa. Me achei tão covarde por ter desistido!" A coragem associada a bravura, a não desistir, a dar conta de tudo, sem medo e com segurança emocional, nos impede de assumir os nossos atos corajosos. E quando não os enxergamos, vemos somente um pedacinho da nossa própria potência.

Brené Brown, pesquisadora, cientista social da Universidade de Houston e escritora norte-americana que é referência mundial quando o assunto se trata de vulnerabilidade, conta que a palavra coragem vem de *cor*, que significa coração, e a definição original da palavra significaria "Contar a história de quem você é com todo o seu coração". Uma definição muito diferente da que aprendemos em nossa infância e que está na maioria dos dicionários de língua portuguesa, como o *Houaiss*, que descreve *coragem* como

1. moral forte perante o perigo, os riscos; bravura, intrepidez, denodo
2. firmeza de espírito para enfrentar situação emocionalmente ou moralmente difícil "armou-se de c. para rever o amigo moribundo"
3. qualidade de quem tem grandeza de alma, nobreza de caráter, hombridade "a c. dos santos e dos heróis" "teve a c. de assumir o próprio erro"
4. determinação no desempenho de uma atividade necessária; zelo, perseverança, tenacidade "desde jovem, revelou c. no trabalho"
5. capacidade de suportar esforço prolongado; paciência "não vou ter c. de entrar nessa fila"
6. pej. ousadia; desfaçatez "teve a c. de mentir deslavadamente"

Aprendi, ainda muito nova, que a melhor forma de lidar com o medo era colocar a minha cara mais assustadora e encará-lo de frente. O que me assusta não me paralisa, pelo contrário, me faz acelerar o passo, juntar toda a raiva que cabe no meu ser e dar um grito de guerra ao estilo *Coração valente*. Quem me vê de fora pode acreditar que caibo nessa definição de bravura e valentia. Corajosa! Acontece que, na maior parte das vezes, a minha atitude é um ato de medo absoluto. É o meu medo gritando tão alto que tudo o que faço é correr, e gritar, e rugir para que ele cale a boca e me deixe em paz. Se encarar o que me provoca medo é a forma mais rápida de fazê-lo calar a boca, então vamos nessa. Esse ímpeto de atacar esconde a minha covardia. Esconde a criança apavorada dentro de mim. Tenho exercitado a coragem de esperar. De não responder imediatamente. De escutar o medo, entender o seu cuidado excessivo. De respirar e ficar com a angústia e seus efeitos em meu corpo. A garganta seca, o aperto no peito, a dor no estômago. Não preciso fugir deles como quem foge da morte. Posso ficar. E decidir ficar, contendo todos os meus ímpetos de batalha, é a escolha mais corajosa que posso adotar.

A minha definição de coragem abarca mais que os resultados dos nossos atos. É maior que uma ilusão de que o medo não existe mais. Coragem é seguir o coração, mesmo com medo. É abraçar as vulnerabilidades e saber que o resultado das nossas ações não nos define. É saber que somos maiores que qualquer erro ou falha. E é lembrar que, independentemente de qualquer coisa, merecemos amor, carinho e respeito sendo quem somos.

Não cuidaremos dos nossos limites em uma conversa sem sentir medo do que o outro irá pensar, fazer ou falar. Os pensamentos obsessivos sobre o que deveríamos falar ou fazer não vão desaparecer até sermos expostos ao que nos assusta. Não seremos perfeitos e impecáveis, e toda busca por nos colocar nesse lugar irá nos violentar e/ou violentar quem convive conosco. Escolheremos a coragem sempre que nos lembrarmos de que merecemos pertencer. Há uma grande diferença entre pertencer e caber, e o medo nos empurra para caber. Pertencimento não nos machuca. Pertencer é saber que somos amados sendo quem somos. É saber que o nosso valor não é uma moeda em uma mesa de negociação, ao lado do afeto e do carinho. O pertencimento é confortável como uma roupa feita sob medida. Acontece que, buscando atender à nossa necessidade de pertencer, aceitamos o seu antônimo, que se parece tanto com o pertencimento que confunde. Nós nos encolhemos para caber em formas que existiam antes de nós, como quem precisa deitar na cama para fechar a calça jeans e a retira, no final do dia, com o corpo cheio de marcas, mostrando o preço do que aperta. Por vezes, para caber, acrescentamos em nós pedaços que não são nossos. Mentimos sobre as nossas conquistas e realizações, sobre quem somos e o que fazemos. Caber pode até trazer uma ou outra vantagem, mas quando deitamos na cama à noite, sem os enchimentos que nos aumentam, as máscaras que nos escondem ou as faixas que nos apertam, sabemos que não somos a imagem que queremos passar. E que o que recebe amor não é quem somos.

O medo de perder o carinho, a admiração e a aceitação de quem está ao nosso redor nos faz caber. Ele narra para nós, insistentemente, as tragédias que nos esperam se formos honestos com o que somos e com o que desejamos. Ele promete que nada vai nos acontecer, mesmo sabendo que não pode cumprir essa promessa. O medo nos diminui e aprisiona em relações que nos machucam, nos dizendo que é o máximo que podemos ter/ser, que não merecemos mais. A coragem nos lembra de que somos o suficiente. Que temos o tamanho perfeito, mesmo com todos os nossos defeitos e imperfeições. Que temos coragem de encarar, assumir, acolher e defender o nosso tamanho.

Resumo do capítulo

- A coragem se mostra de formas diferentes em cada momento e situação.
- A forma com que encaramos a coragem e como nos vemos atendendo ou não aos nossos padrões interfere na nossa disposição e força para seguir.
- O medo odeia a possibilidade, por mais remota que seja, de falta de controle com o resultado e treme em imaginar que pisaremos em um solo que não conheceremos. Ele é um cuidador que superprotege e nos promete que nada vai acontecer se seguirmos os seus conselhos. Nada acontecer não é uma boa opção.

- Um encontro honesto com o outro é encarar de frente a possibilidade de conhecer lados nossos e dele que não queríamos. De escutar *não*, de ter os planos desfeitos e refeitos, visto que, assim como temos o direito inalienável de cuidar do que importa para nós, ele/ela também o tem. Não há certeza de final feliz, a vida não é um musical da Broadway
- Mulheres são educadas para ser perfeitas e não correr riscos, homens são educados para suprimir as próprias emoções e as do outro, tornando a coragem uma escolha intencional que, por vezes, exige esforço e dedicação.
- Aprender que o nosso valor não está no quanto nossas características são socialmente aceitas nos impulsiona à coragem de assumir todos os nossos lados. Ser inteiro é uma escolha mais corajosa do que buscar a perfeição.
- Coragem é seguir o coração, mesmo com medo. É abraçar as vulnerabilidades e saber que o resultado das nossas ações não nos define. É saber que somos maiores que qualquer erro ou falha. E é lembrar que, independentemente de qualquer coisa, merecemos amor, carinho e respeito sendo quem somos.
- Buscando atender a nossa necessidade de pertencer, aceitamos o seu antônimo, o caber, que se parece tanto com seu sinônimo que pode nos confundir. E sofremos quando nos encolhemos ou inflamos para caber na forma alheia.
- A coragem nos lembra de que somos o suficiente. Que temos o tamanho perfeito, mesmo com todos os nossos defeitos e imperfeições. Que temos coragem de encarar, assumir, acolher e defender o nosso tamanho.

CAPÍTULO 2

PRIMEIRO EU

A importância de conhecer os próprios limites e o que realmente importa para você

A palestra havia acabado, e eu estava conversando com os participantes que permaneciam na sala. Érica se aproximou, inquieta. O olhar misturava raiva e angústia, a voz trazia um choro embargado. "Elisama, eu gosto muito do seu trabalho, mas eu discordo completamente do que você disse sobre ninguém ter a obrigação de me fazer feliz ou cuidar de mim. Meu marido tem, sim, a obrigação de valorizar o que eu faço e pensar em minha felicidade! Ele é o meu marido! Para que a gente casa, então?" A minha fala sobre ninguém ser obrigado a nos fazer felizes foi dita no comecinho da palestra e, pelo que pude notar, Érica ficou presa nisso. Ali estava o foco de uma vida, a intenção de todos os seus esforços, e eu não podia lhe dizer nada que desfizesse mais os seus sonhos do que essa informação.

Érica era a esposa dedicada, a mãe dedicada, a empregada dedicada. Abria mão de seus sonhos, de suas vontades e de seus quereres em nome da felicidade de todos que estavam ao seu redor. Fazia tudo isso por amor, dizia. E, como amor era sinônimo de anular-se, amargava a certeza de que não era amada ou valorizada por quem estava ao seu redor, já que ninguém se anulava por ela. Os seus esforços pareciam invisíveis. Ninguém enxergava o tempo que passava planejando, calculando e executando coisas pelo bem alheio. Contar para si mesma a história de que não queria nada em troca pelas suas atitudes era a mentira que Érica mais repetia. A realidade é que ela queria, sim. Queria amor, queria reconhecimento. Queria que alguém preenchesse o vazio emocional que a fazia esquecer das próprias necessidades para olhar desesperadamente para as do outro. Ela queria o colo e o amor que não recebera numa proporção boa o suficiente quando criança. Queria algo que não encontraria, algo que nem ela oferecia a si mesma. O pior de tudo é que não tinha a menor consciência do que queria, e, sem essa consciência, não fazia ideia do que pedir e como pedir. Como os outros não adivinhavam as suas necessidades, guardava rancor e ressentimentos por quase todas as pessoas que conhecia. Esse rancor e esse ressentimento também não eram olhados e nomeados, porque se tratava de sentimentos ruins, que não combinavam com a pessoa boa que ela era.

Comecei a estudar novas formas de comunicação em 2012, quando o meu filho mais velho nasceu. Eu queria educá-lo sem bater e não fazia a mais remota ideia de como criar um filho sem os famosos castigos e palmadas, não sabia que existia vida para além das recompensas e punições. Quando me deparei com a comunicação não violenta, percebi que tinha encontrado uma espécie de tesouro. Eu, a menina brava, a ariana briguenta, podia falar de outros jeitos, bastava treinar. No começo eu pensava assim, que comunicação era um processo de falar com o outro. Com o tempo entendi que se tratava de algo muito mais intenso e profundo, que se eu queria transformar a minha relação com meus filhos, meu marido, meus pais, meus amigos, eu precisava começar pelo denominador comum: eu.

As conversas que temos com nós mesmos transbordam para as nossas relações. Os relacionamentos são transbordamentos de nós, das nossas dores e dos nossos anseios, das nossas feridas e das nossas curas. Por isso é tão importante ter consciência de quem somos e do que queremos, do que estamos sentindo e precisando, porque ninguém tem a obrigação de ser receptáculo das nossas frustrações. Já que transbordamos em nossas relações, é bom que estejamos conscientes de que transbordamentos são esses, do que nos inunda e do que nos sobra. Precisamos de uma maior consciência do que estamos pedindo e de como estamos pedindo, porque estamos sempre nessa busca pelo dar e receber nas relações. Érica não fazia ideia do que estava pedindo, e, se nem ela mesma sabia o que estava pedindo, como alguém poderia atendê-la?

O que aprendemos sobre limites

Durante o processo de pesquisa para a escrita deste livro, perguntei em minhas redes sociais quem tinha medo ou dificuldade de dizer "*não*". Vou compartilhar com você algumas respostas:

"Sim, é automático, para não causar discórdia com o outro, pro outro não ficar com raiva."

"Tenho vergonha de dizer 'não'."

"Tenho dificuldade de dizer 'não' quando é só porque não quero fazer algo, como se isso não fosse motivo suficiente."

"Tenho dificuldade de dizer 'não' para a minha família, quando digo me sinto mal e fico justificando tudo!"

"Sempre! Não gosto de sentir que desagradei o outro e não gosto de conflito."

"Tenho medo de dizer 'não' no trabalho e parecer que não estou à disposição."

"Sim, quando admiro a pessoa ou quando tenho medo de perder o emprego. Eu quero agradar."

"Digo 'não' algumas vezes, por isso, sou taxada de chata."

"Quando sinto que a expectativa da pessoa é grande e sei que vou desagradar causando frustração."

"Só em relações hierárquicas, em relações horizontais consigo delimitar melhor os limites."

Foram mais de trezentas respostas, quase todas listando as dificuldades em dizer "não" e colocar limites nas relações. É interessante perceber que, em uma sociedade em que muito se fala sobre colocar limites na educação da criança, a maioria de nós tenha dificuldade em dizer "não". A realidade é que existiam, sim, limites claros dentro de casa, quando éramos crianças, mas esses limites não eram os nossos. Sabíamos o que irritava os nossos pais a ponto de sermos castigados física ou emocionalmente. Sabíamos o que era ou não permitido fazer em casa, mesmo que as regras não fizessem sentido para nós. Existia uma hierarquia da importância dos quereres e desejos da família, e os nossos não estavam na lista de prioridades. Veja bem, não estou falando que o ideal é deixar a criança fazer tudo o que deseja, do jeito que deseja, mas que podemos acolher o querer sem, necessariamente, atendê-lo. Para entender melhor esse conceito voltado à educação, você pode ler *Educação não violenta* e *Por que gritamos*, livros que publiquei em 2019 e 2020, respectivamente.

Enquanto os limites dos adultos — em regra, de um dos adultos, o pai — eram claros e precisos dentro do lar, os nossos limites simplesmente não existiam. A nós cabia apenas dizer "sim". Dizer "não" podia render castigos, palmadas ou chantagem emocional. "Criança não tem querer" foi uma das frases mais repetidas para as crianças da minha geração, e nós interiorizamos isso, assim como os nossos pais haviam interiorizado esse conceito antes de nós. Se não temos querer, como criaremos bordas protetoras do nosso querer? Como vamos defender o que importa para nós se crescemos entendendo que não podíamos sequer ter interesses particulares?

A cada "não quero comer feijão!", escutamos que éramos mal-agradecidos e mal-educados. Quando falamos que não gostávamos da escola, provavelmente escutamos que não reconhecíamos os esforços dos nossos pais e não valorizávamos as oportunidades que tínhamos. Quando dissemos que não queríamos voltar para casa, escutamos que "tudo bem, fique aí, então, volto sem você". Das mais diversas formas e jeitos, aprendemos que dizer "não" machucava quem estava ao nosso redor e nos colocava em um risco iminente de abandono. Aprendemos que quem ama diz "sim" e faz o outro feliz. Pessoas boas não causam desagrado. Evitam conflito. E essa confusão entre dizer "sim" e amar distorce as nossas relações até hoje.

Há quem diga "não" sem medo, porque assumiu a postura defensiva do *não preciso que você goste de mim*. Em uma ou outra postura, ainda estamos assumindo que fazer o que o outro deseja e lhe demonstrar amor são sinônimos. Não estou dizendo aqui que não exista quem consiga colocar limites de maneira saudável e respeitosa consigo e com o outro, mas que alcançar essa capacidade é uma conquista, uma escolha antinatural diante da educação que recebemos. No padrão educacional de "se fizer isso, mamãe vai ficar triste", desenvolvemos formas de lidar com o *não* que não são saudáveis para nós ou para as nossas relações.

Limites são bordas que protegem o que importa para cada um de nós. São cuidado, e não há relação emocionalmente saudável e equilibrada que não precise dessas demarcações. Uma relação que não nos permite dizer "não" é uma relação difícil demais para estar. Ela nos cobra um preço alto, que traz consequências danosas para nós, para o outro e para a relação. Érica diz "sim" para os desejos de todos da família, enquanto diz "não" para o que realmente quer. Na verdade, ela sequer sabe o que quer. Foram tantos e tantos anos focando no que o outro precisava, que ela já não sabia o que realmente queria. Quando criança, o foco era fazer a mãe feliz, não incomodá-la. Escutava, diariamente, uma lista imensa dos sacrifícios que a mãe fazia por ela; qualquer querer parecia inadequado e excessivamente exigente. Ter necessidades para além do que era oferecido pela mãe era causar-lhe ainda mais dor que a que ela já sentia. Não podia querer ou pedir. Não podia dizer "não". À medida que crescia, essa insegurança passava para outras relações. Tinha medo de dizer "não" para as amigas, para os colegas, para as professoras. Ao casar e ter filhos, o foco era fazê-los felizes. Érica não sabia seu prato preferido ou qual o seu maior sonho.

A comunicação não violenta me mostrou a importância dos meus limites e como comunicá-los de maneira respeitosa. Aprendi a entender o que está vivo em mim e dividir isso com quem convivo e amo. E aprendi, principalmente, a aceitar que o outro também tem o direito de me demonstrar os seus limites. Dizer e escutar *não* incomoda. E é responsabilidade de cada um de nós lidar com esse incômodo, entender o que ele fala sobre nós. Entender onde toca, que medos desperta, cuidar de cada uma dessas informações que nos traz. Há outra dificuldade, talvez a maior delas: sustentar o limite. Manter-se firme no *não*. Lembro de uma aluna, Márcia, que decidiu dizer "não" pela primeira vez para a mãe. Havia anos um determinado assunto a incomodava e ela tinha decidido que, quando ocorresse novamente, comunicaria seu limite e diria "não". Corajosamente cumpriu o que havia prometido a si mesma, mas entrou em pânico logo depois. Ela me falou, desesperada, que queria ligar para a mãe e voltar atrás. Que não conseguia dormir diante da possibilidade de ter lhe causado algum sofrimento. Como uma criança sedenta por aceitação, ela apenas queria dizer: "Mãe, eu faço tudo que você quiser. Você vai ficar feliz? Mãe, você ainda me ama?"

No primeiro capítulo, falamos sobre o conceito de coragem e do quanto precisamos lembrar, diariamente, que o nosso valor não está na mesa, sendo negociado em todas as nossas interações. Demonstrar e sustentar os limites é lembrar disso. É ultrapassar as camadas do medo de não ser aceito e se conectar com o que realmente importa. Nos próximos tópicos, vamos falar dos passos para uma comunicação que nos coloca em uma postura de conexão com a vida. Que fala de limites que trazem liberdade. E de como podemos lidar com as nossas emoções com respeito e empatia. Quando encontrei Márcia, uma semana depois das mensagens que trocamos sobre o que havia ocorrido com a sua mãe, ela estava aliviada. Passado o susto de ter escutado *não*, a mãe lhe telefonou perguntando o que a incomodava, compartilhando que não fazia ideia que aquela situação magoava a filha em um nível tão profundo. A abertura dada pela mãe gerou uma conversa linda e corajosa entre ambas. Não vou dizer que viveram felizes para sempre, você já é grandinho e grandinha o suficiente para saber que a vida não funciona assim. Mas posso afirmar que sustentar aquele limite foi um divisor de águas na relação das duas.

Codependência e felicidade

Ao escutar Érica e sua desconexão com as próprias necessidades, identifiquei, imediatamente, um comportamento comum em muitas pessoas: a codependência. Em *Codependência nunca mais*, a autora, Melody Beattie, descreve o codependente como um tomador de conta. Acho essa uma definição fantástica. O codependente toma conta da vida do outro, dos problemas dos amigos, das decisões dos companheiros e companheiras. Se mistura à vida do outro de forma tão profunda que se perde de si mesmo. Costuma demonstrar força e é muito confiável em suas realizações, mas o faz com uma entrega que ultrapassa os próprios limites. A codependência não nos permite ver os nossos limites. E damos a isso o nome de amor. De dedicação. De amizade.

Viver para o outro é violento conosco e com quem recebe o peso de ser o foco das nossas atenções. É desrespeitoso com o tempo e as capacidades alheias. Você não precisa viver para ninguém além de você, salvo quando se tem filhos pequenos que realmente dependem de você para se manterem vivos e saudáveis. Existe uma diferença imensa entre apoiar e sustentar o outro a ponto de não o deixar reconhecer a força das próprias pernas. Por muito tempo eu quis aliviar a dor de todos ao meu redor. Eu realmente acreditava que a função de quem ama era resolver os problemas, era tomar conta. E eu sempre fui uma excelente tomadora de conta. Certa vez, quando Isaac, meu marido, perdeu o emprego, decidiu abrir uma empresa de camisetas personalizadas. Achei a ideia maravilhosa. Mas em vez de apenas apoiá-lo e escutá-lo quando necessário, resolvi tomar a frente de tudo. Criei logomarca, encontrei possíveis fornecedores, decidi o tipo de estampa que era a cara dele. Tomei conta e achei que o estava apoiando, mas não. Aquilo era um extrapolar dos limites, e era, de certa forma, arrogante, porque no fundo eu acreditava que saberia lidar com as coisas melhor do que ele mesmo.

 Depois de anos e anos escutando dos nossos cuidadores "Você está tirando a minha paciência!", "Assim eu fico triste!", "Você me fez te bater!", aprendemos que somos os responsáveis pelo sentimento do outro. Que temos o poder de fazê-lo feliz ou triste. Que, se nos esforçarmos bastante, teremos uma vida completamente controlada e isenta de sobressaltos. Responsabilizar o outro pelo que sentimos é a consequência direta desse pensamento. Nesse jogo de responsabilidades, deixamos de assumir o compromisso pela responsabilidade com nós mesmos. Entendemos que adivinhar os nossos pensamentos e necessidades é uma prova de amor e vivemos tentando adivinhar os pensamentos do outro para provar o nosso valor. No fundo, esse comportamento de tomar conta do outro vem de uma convicção de que não somos bons o suficiente. *Já que não mereço o seu amor, então, precise de mim.*

 Se eu lesse algo parecido com isso há alguns anos, daria uma gargalhada. Achava que tinha uma autoestima maravilhosa e que era muitíssimo bem-resolvida. Tomava conta do problema dos outros e tinha a solução para tudo porque me considerava uma pessoa inteligente e legal. E ficava com raiva quando a pessoa decidia adotar posturas diferentes das que aconselhei porque a amava e ela estava sendo estúpida. Já que o mundo se dividia entre pessoas boas e pessoas ruins, eu obviamente fazia parte do primeiro grupo, e qualquer deslize que me afastasse da figura de pessoas boas era responsabilidade do outro. Eu me considerava maravilhosa e incrível. Até que comecei a fazer terapia, buscando entender a minha relação desregrada com a comida. E encontrei lados meus que simplesmente não conhecia. Que foram escondidos de mim por tanto tempo que precisei de ajuda para encontrá-los. Sim, eu era — e sou — uma pessoa muito legal, mas não só isso. E vivia cansada, estressada, irritada e me julgando injustiçada e desvalorizada por quem estava próximo, sem ter a mais remota ideia do motivo. Por anos deixei que algumas relações se desintegrassem, fingindo não me importar com o que estava acontecendo. Em minha forma de ver a vida, gente forte não sentia, logo, se você quisesse partir, dissesse que não gostava de mim ou me rejeitasse, o problema era seu. E agia como uma criança que é expulsa da brincadeira pelos amiguinhos e, magoada e triste, se veste de raiva e indiferença, cruza os braços e diz: "Eu não queria mesmo!"

Cuidar do outro nos impede de nos conectarmos com a nossa própria dor. Com o medo, com a sensação de desamparo. Faz-nos desviar de olhar para os lados que não queremos conhecer de nós mesmos, porque, como disse no capítulo anterior, o contato com esses lados nos faz duvidar do nosso próprio valor. Mas não há conversa sincera e verdadeira sem essa conexão. E não há conexão com o outro quando nos sentimos superiores a ele, quando achamos que temos as respostas e que, se ele nos escutar, tudo ficará bem e feliz. Não ficará, não se não nos abrirmos para o que realmente queremos e precisamos. Se não atravessarmos a nossa lama, a nossa escuridão. Todos temos lados sombrios; sinto muito se você ainda nutre a ilusão de que é apenas um lindo e brilhante raio de luz. Somos esse lindo raio de luz, também, mas não somente. Somos complexos. Maravilhosamente complexos.

Quando perguntei para Érica o que considerava mais absurdo na ideia de que ninguém era obrigado a cuidar dela e fazê-la feliz, ela respondeu que assim os relacionamentos não seriam justos. Onde estava a igualdade de dedicação? O que faria valer todos os sacrifícios que fazia diariamente? Enquanto pensava no bem da família e se dedicava inteiramente ao marido e filhos, Érica colocava na conta deles o seu cansaço, as coisas que deixava de fazer, a própria frustração. A dívida só crescia, junto com o ressentimento. Eu não podia dizer para ela que tudo aquilo era em vão. Perguntei o que ela faria se não tivesse essa obrigação. Se não se visse como a responsável por tomar conta de todos ao seu redor e de sustentar o mundo com as próprias mãos. Parou, pensou. Ficou em silêncio, até que chorou copiosamente. "Eu não sei o que eu quero, estou tão cansada da minha vida, eu nem me reconheço mais nas coisas que faço. Eu já nem sei existir."

Quando tomamos conta do outro, esquecemos como é existir. E esquecemos, também, que o outro existe. Ficamos aprisionados em termos de obrigações, culpa, medo. Nós nos definimos pelo que fazemos e realizamos, e nos desconectamos da potência de simplesmente existir. De nos relacionarmos porque escolhemos e não porque precisamos ou porque precisam de nós. Não estou dizendo que não faremos nada pelo outro. Nessa visão maniqueísta que aprendemos a adotar sobre a vida, achamos que as opções são viver pelo outro ou ignorar os seus anseios, mas temos muito mais cores nessa paleta. Quando honramos a nossa existência no que fazemos, o cuidado com o outro é uma escolha que não deixa conta em aberto no final.

Além do mais, deixar que o outro experimente as suas próprias capacidades e frustrações o fortalece. Depois da experiência com meu marido e a loja de camisetas, comecei a observar melhor o meu funcionamento, a entender os meus impulsos e a ter coragem de seguir os caminhos diferentes do habitual. Uma amiga me ligou pedindo apoio para um projeto. Queria lançar um curso online, estava com uma ideia maravilhosa de como tudo seria, mas não tinha coragem de sustentar um projeto desses sozinha. Imediatamente a Elisama super-heroína, codependente tomadora de conta se mexeu dentro de mim. A vontade era falar que eu sabia como salvá-la, que faria tudo com ela, que a gente daria um jeito! Respirei. Lembrei que quando me coloco nesse lugar fico em desigualdade com o outro e, com a intenção de ajudá-lo, costumo causar o efeito contrário: enfraquecê-lo. Eu me ofereci para ajudá-la a desenhar a aula, disse que estava à disposição para dividir a minha experiência e que confiava que ela faria algo lindo. Eu não faria por ela, como era o meu padrão. Um tempo depois ela me disse que tomou um susto quando neguei o convite. Mas que foi importante para a própria trajetória descobrir que conseguia dar aquele passo sozinha.

A comunicação não violenta não é um método para melhorar a sua capacidade de convencer o outro a fazer o que você quer. Não é mais uma ferramenta para influenciar as pessoas. Não será o caminho perfeito para mostrar para a sua sogra o quanto ela está equivocada sobre o que pensa sobre você. Estarmos conectados com a nossa intenção, com o que está vivo em nós é o cerne de todo o processo, é o ponto mais precioso para uma conversa corajosa. Enquanto estivermos apegados ao tomar conta do outro, estaremos privados do poder de confiar em nós e nele. Estaremos privados do nosso direito de dizer e escutar *não* e de lidar com tudo que ele desperta. Estaremos diminuindo a nossa existência.

Entre a realidade e o que vejo

Conversas não são uma arena para decidir quem está certo ou errado. Não são uma chance de convencermos o outro de que o nosso ponto de vista é o correto. São preciosas oportunidades de conexão: com o outro, com nós mesmos, com a vida. Pedem curiosidade e abertura, mas, com o nosso excesso de rigidez e certeza, perdemos essas oportunidades de nos ligar profundamente ao outro. Ok, preciso ser honesta. Aprender a enxergar a beleza da conversa, do conflito e do encontro foi um dos aprendizados mais difíceis da minha vida. Sempre que lia ou escutava Marshall Rosenberg, psicólogo esquematizador da comunicação não violenta, falar que escutar o outro é uma dádiva, que dividir o que vive em nós é um tesouro, eu pensava: *Que alucinógeno essa criatura usou? Tem pôneis e um arco-íris de glitter nessa fantasia também?*

Aprendi a entrar em um conflito para ganhar, a me preparar para uma conversa difícil como quem se prepara para a guerra. Eu me armava dos meus julgamentos e me colocava na postura de *o ataque é a melhor defesa*, porque, claro, o que o outro dizia era um ataque, um julgamento sobre as minhas qualidades, as minhas capacidades, o meu jeito de ver a vida. Na maior parte das vezes, desistia de uma conversa antes mesmo de começar. Lembra que contei da postura do *quer ir embora, vá, não vou sentir falta!*? Pois bem, era uma espécie de lema de vida. *Não me importo, eu não preciso de ninguém.* Acontece que, no fundo, eu sabia que precisava, e, quando eu gostava muito de alguém, fingia não ver os seus deslizes, porque as opções possíveis eram: manter as relações exatamente como eram e engolir alguns sapos ou encerrar abruptamente, engolir a dor e seguir dizendo que "tô nem aí, quem perdeu foi você". Conversas eram um campo escorregadio, cheio de armadilhas e minas. Consegue compreender como eu achava absolutamente desconectada da vida real a ideia de que um conflito é um presente?

Até que percebi que a maior dificuldade não estava na forma com que eu falava, no jeito que o outro me respondia ou no nível de raiva que algumas atitudes me despertavam. A forma com que eu enxergava as situações ditava todo o resto, e eu sequer percebia que a forma com que eu via as situações e a maneira como elas realmente estavam acontecendo não eram a mesma coisa. Faz muito sentido que o primeiro passo para vivenciar a comunicação não violenta seja observar sem julgar, porque os nossos julgamentos são apenas isso, julgamentos. Não são a realidade, são a nossa forma de ver a realidade. Coisas diferentes! Não, eu não vou começar agora a pregar que precisamos de uma sociedade menos julgadora e repetir frases como "menos julgamento, por favor". Vamos seguir julgando, diariamente. Vamos seguir achando o corte de cabelo daquele colega esquisito, a voz daquela outra irritante. Vamos continuar recebendo a visita de pensamentos que criticam o outro e o colocam em um lugar de algoz de nós mesmos. Julgar faz parte da vida. Não gasto nem um pouco da minha preciosa energia lutando contra os julgamentos e não acho que você deve gastar a sua. É mais útil e rico para nós e para as nossas relações investirmos a nossa energia em duas frentes: lembrar que o que pensamos sobre a realidade e o que ela de fato é não são a mesma coisa; e entender que os nossos julgamentos falam sobre nós, não sobre o outro.

Observar sem julgar é descrever a realidade como ela é. A maioria de nós acha que faz isso, que sabe observar, mas normalmente não é assim que acontece. Somos, todos nós, contadores de histórias. A nossa mente cria histórias sobre nós, sobre o outro, sobre as relações. São verdadeiros dramalhões dignos de novela. Essa voz narra a realidade há tanto tempo que nem percebemos a sua presença e já a confundimos com a realidade. Misturamos as duas com muita frequência. E para nos comunicarmos de forma não violenta, precisamos separá-las. Vamos ver um exemplo:

Eu pedi que ele trouxesse um iogurte para mim e, para variar, esqueceu. É sempre assim, só se importa com ele mesmo.

Troque *iogurte* por *analgésico*, ou *uma fatia de torta*, ou *a correspondência na portaria do prédio*. Quem nunca pensou algo assim? Sabe qual o problema desse pensamento? Está cheio de julgamentos. Ele nos distancia da realidade, nos irrita e nos desconecta do que precisamos. A observação se encerra em *eu pedi que trouxesse um iogurte e ele não trouxe*. Todo o resto é pensamento. São camadas e camadas que colocamos na realidade pelos mais diversos motivos. Olhar e entender esses motivos amplia o nosso conhecimento sobre nós. Quantas brigas começamos porque estamos apegados à forma com que estamos vendo as coisas? Quantas vezes somos passivo-agressivos porque nos magoamos com algo que o outro sequer teve a possibilidade de saber?

Quando acreditamos em um pensamento entendendo que ele é a realidade, somos arrastados por uma sequência de pensamentos que acaba por nos engolir. Veja que eu escolhi usar um exemplo bobo, de um pedido simples: "Quando estiver voltando do trabalho, você pode parar na padaria e comprar um iogurte para mim?" O pedido não atendido despertou o primeiro pensamento: *Eu pedi que ele trouxesse um iogurte para mim e, para variar, esqueceu. É sempre assim, só se importa com ele mesmo.* Esse pensamento puxa alguns outros. *Eu faço tudo para essa relação dar certo, mas quando peço a mínima coisa, esquece. Esqueceu, porque não era prioridade, porque eu não sou prioridade.* Depois de todos esses pensamentos, que comportamentos teremos? O que moverá as nossas falas? As conversas que temos com o outro são continuações das conversas que temos com os contadores de histórias em nossa mente. Podemos imaginar que, nesse caso, as chances de desenvolvermos um encontro empático e que respeita a nós e ao outro são muito pequenas.

Não vamos parar de julgar, mas podemos parar de acreditar nos nossos julgamentos. *Eu pedi que ele trouxesse o iogurte e ele esqueceu. É sempre assim, só pensa nele mesmo. Egoísta! Hum... ok, estou julgando. E o que está acontecendo? O fato é que ele não atendeu meu pedido. Estou com raiva... Eu estava com muita vontade de comer iogurte. E fico magoada quando ele erra e não se importa em reparar o erro, porque essa demonstração de empatia é importante para mim. Fico achando que não se importa comigo como eu gostaria. Assim que me acalmar vou conversar com ele. Agora ainda estou bem chateada.* Observar é não se perder nas vozes internas. Em momento algum vou dizer que você não deve ficar chateado ou chateada, sentir raiva, ficar magoado ou magoada. Não espero que você foque no lado bom das coisas e agradeça porque tem alguém de quem reclamar. Todos os sentimentos são importantes e falam muito sobre nós. Agradecer por tudo e fingir que não estamos com raiva, magoados e chateados é violento com o que vive em nós. Segundo um grande amigo meu, Alexandre Coimbra Amaral, essa gratidão forçada equivale a colocar *chantilly* na merda. Eu concordo.

Então, não estou entregando para você uma tigela de *chantilly* para sair espalhando pelo que lhe acontece. Pelo contrário, o convite é que olhe para a realidade sem deixar que seus julgamentos interfiram nela.

Vamos a mais alguns exemplos dos nossos vários julgamentos diários:

- Quando dizemos que alguém *é* alguma coisa, estamos aprisionando a pessoa em apenas um pedaço dela mesma. Ninguém é *somente* bacana, doce e gentil ou cruel, burro e grosseiro. Ao utilizar o verbo *ser*, estamos nos desconectando da realidade e da arte de apenas observar. Mesmo que o utilizemos, volta e meia precisamos lembrar que ninguém é uma coisa só. Que a pessoa que consideramos bacana e gentil também tem os seus dias de egoísta e mal-humorada. Que quem consideramos cruel também tem os seus gestos de doçura.

Certa vez os meus filhos estavam brigando, e Miguel, o mais velho, gritou com a irmã, chamando-a de insuportável. Eu disse: "Filho, expresse o que precisa sem rotular a sua irmã. Ninguém é uma coisa só." Ele, cheio de raiva e no auge dos seus 7 anos, olhou para a irmã e disse: "Você é insuportável, chata e mentirosa! Pronto, três coisas, e não uma só."

- A raiva nos impede de ver além dos nossos julgamentos. Se precisar respirar fundo, correr um pouco ou fazer algum outro movimento para extravasar a raiva e encontrar o ar necessário para separar os julgamentos da observação, o faça.
- Palavras como *sempre*, *nunca*, *frequentemente*, *raramente* também engessam a pessoa em apenas um comportamento, além de despertarem uma reação de autodefesa imediata quando as utilizamos em uma conversa. Se eu digo que você NUNCA escuta, é provável que pare de me escutar para buscar em sua memória um instante que prove o meu equívoco. Se queremos que as pessoas se conectem a nós, não faz sentido criar distrações para que elas se percam da conexão. Prefira falar sobre as duas últimas vezes ou algum período de tempo determinado.
- Tente lembrar que você não tem dons adivinhatórios. "Você vai quebrar a cara se continuar com esses amigos!", "Você não vai entrar para o time jogando desse jeito!", "Tenho certeza de que ele não vai conseguir resolver isso!" Por mais que você acredite verdadeiramente nos indícios — ou na intuição — que tem e que embasam a sua opinião, ela não deixa de ser uma

opinião. E previsões baseadas em opiniões não são certezas. Isso quer dizer que você nunca mais vai se aventurar em previsões para o futuro? Claro que não! Apenas garanta que as suas previsões não sejam lidas por você como verdades absolutas, enquanto esconde seus reais sentimentos. "Tenho medo de que se magoe com essas amizades", "Acredito que as exigências para o time são bem altas, tenho receio de que ainda não esteja pronto", "Estamos diante de um problema tão complexo, temo que seja demais para a experiência dele". Os nossos julgamentos não falam se somos bons ou ruins, não falam sobre o outro, mas, sim, sobre o que sentimos e precisamos e que, talvez, sequer tenhamos consciência. São pistas do que está vivo dentro de nós. Se parar de acreditar em todos eles e começar a prestar mais atenção na mensagem codificada, o que vai descobrir sobre você?

Essa tal necessidade

Depois de nos perguntarmos *o que está acontecendo?* e separarmos a realidade dos nossos julgamentos sobre a realidade, é hora de nos conectar com os sentimentos que essa realidade desperta em nós. *O que eu estou sentindo?* é o próximo passo. Acontece que temos uma dificuldade muito grande em reconhecer os nossos sentimentos. Se eu pedir que você pare a leitura neste momento e escreva três adjetivos sobre o que leu até aqui, é provável que leve poucos segundos para concluir a tarefa, sobretudo se tiver a certeza de que as suas opiniões não serão lidas por mim. "Interessante, instigante, legal." "Chato, entediante, repetitivo." Agora, se em vez de pedir que escreva o que pensa sobre mim ou sobre o livro, eu peça que descreva o que está sentindo neste momento, colocando a limitação de que não poderá usar as palavras *triste, feliz, bem, mal* e *normal*, de quantos minutos você vai precisar? Quantas palavras o seu vocabulário possui para descrever o que acontece dentro de você?

Arrisco dizer que muito poucas. Não fomos ensinados a olhar para as nossas emoções, muito menos a cuidar delas. O que sentimos sempre foi tido como errado, exagerado, inadequado. Cada vez que a frustração nos visitou quando crianças, os adultos próximos nos criticaram e afirmaram o quanto era inadequado sentir o que estávamos sentindo. As gerações que cresceram escutando "você quer um motivo de verdade para chorar?" não sabem reconhecer os próprios motivos. Essa tal necessidade que nos move, mas que fica escondida por baixo de enxurradas de pensamentos. Todas as nossas ações buscam atender a uma necessidade, o problema é que, na maior parte das vezes, não estamos conscientes dessa necessidade e buscamos formas desastradas de atendê-la. Antes de falar sobre os detalhes que podem mudar a nossa forma de pedir propriamente dita, precisamos olhar para o que antecede o pedido, para o caminho entre o que sentimos e necessitamos e o que pedimos ao outro. Exercitar a curiosidade nos faz tirar as camadas que distanciam aquilo de que precisamos do que estamos falando e fazendo. Isso nos tira do modo automático e torna as nossas ações mais conscientes. Buscar uma comunicação não violenta não é apenas um presente para a nossa relação com o outro. Não é uma forma de tornar o outro mais feliz, mas algo que melhora a nossa própria vida. Nós nos colocamos a serviço de tornar os nossos dias mais maravilhosos! Quando escuto o que estou sentindo e precisando, posso pedir algo que realmente satisfaça a minha necessidade.

Recebi um telefonema de uma amiga me contando que o resultado de uma biópsia que ela havia feito tinha saído. "É câncer." A preocupação e o medo me invadiram, e passei uns minutos desnorteada. Engoli o choro, como volta e meia fazemos, achando que podemos silenciar os sentimentos, e segui o dia. Pouco tempo depois, vi a louça suja na pia e iniciei uma série de reclamações direcionada ao meu marido: "Você deixou a louça suja e era a sua vez de lavar! Custa seguir o que a gente combinou? Eu só queria ver a casa limpa!" Meu coração estava acelerado, os pensamentos apareciam freneticamente em minha cabeça. Ao perceber os sinais físicos da raiva, entendi que não tinha a ver com a louça suja. Respirei fundo e lá estavam o medo, a tristeza, a preocupação, a angústia. A vida de alguém que eu amava muito estava em risco, e a raiva era a forma que eu conhecia de expressar os meus sentimentos, de fugir da minha vulnerabilidade. Eu estava fazendo uma cara assustadora para o medo que me assustava, mas quem estava à minha frente era o meu marido, não o medo. Parei a briga imediatamente. "Amor, me abraça, eu estou com muito medo." Encostada no peito dele, chorei até soluçar. Deixei a dor existir em vez de fugir dela. Eu não precisava da louça limpa, eu precisava de acolhimento. Entender o que eu realmente precisava para além dos devaneios da minha mente me possibilitou pedir algo que podia tornar o meu dia melhor. Esse é o grande presente de exercitarmos a atenção pelo que vive em nós: podemos nos conectar uns com os outros de uma maneira mais profunda e verdadeira.

Os sentimentos são bússolas que apontam para as nossas necessidades que estão ou não estão sendo atendidas e, quando os escutamos, aprendemos muito sobre nós. Mas eles ficam escondidos em camadas e camadas de pensamentos que nos distanciam do que está vivo em cada um de nós. Ficam soterrados nos julgamentos sobre o outro e seus comportamentos e sobre nós e o que achamos que deveríamos sentir. Nós nos perdemos e ficamos ausentes de nossa própria vida. É essencial nos lembrarmos que os pensamentos e julgamentos são uma camada que precisamos atravessar para chegar ao que realmente importa. O que estou sentindo? O que a realidade desperta em mim? Na história que contei, assim que percebi os sinais físicos da minha raiva, entendi que estava perdida em meus pensamentos. Que tanta raiva não vinha apenas da louça na pia, mas dos lugares que aquela louça estava ocupando em minha cabeça. A louça era a desculpa de que eu precisava para gritar e brigar. Eram o desvio que eu estava tomando para não encarar o medo e a angústia. O fato de me conectar com meus sentimentos me trouxe novamente para o presente. Voltei a respirar. E pude pedir ajuda.

Para que os nossos pedidos realmente satisfaçam ao nosso coração, precisamos sair da mente tagarela e nos encontrar com o que sentimos. Precisamos ter a coragem de olhar com honestidade para o que queremos. Quando perguntei para Érica o que ela estava sentindo em relação ao marido, ela não soube dizer. Simplesmente não conseguia. Ficava presa em "ele tem que fazer a parte dele", "eu sinto que ele não me ama como eu gostaria", "eu sinto que não somos felizes". Expliquei que *eu sinto* não precisa de mais nada além de uma palavra. Frustração, tristeza, angústia, medo, êxtase, satisfação, insatisfação, irritação, temor, surpresa, preguiça, infelicidade, impaciência, horror, abandono, pavor, enjoo, exaltação, ciúme, arrependimento, fascinação, alegria, curiosidade, encantamento, carinho, esperança, segurança, inspiração, motivação, excitação. Tantos sentimentos, e nenhum deles precisa de *que* ou algum complemento para que faça sentido. Érica ainda estava em seus pensamentos e julgamentos, e eu queria que descêssemos mais uma camada, que nos aprofundássemos um pouco mais. Depois de algumas tentativas, ela conseguiu dizer que sentia tristeza e frustração.

Enquanto estava perdida em seus pensamentos, Érica se enredava em uma sequência infinita de julgamentos. *Sentia* que o marido não a amava, e esse pensamento a levava para outro julgamento sobre ele, sobre ela, sobre a impossibilidade de sucesso do casamento. Esse é o caminho que aprendemos e do qual precisamos sair, intencionalmente. Os pensamentos são a camada que precisamos atravessar para chegar ao que sentimos. Ao entender que sentia tristeza e frustração, pedi que pensasse no que esses sentimentos falavam sobre ela. O que era importante e não estava sendo atendido? O que aqueles sentimentos comunicavam sobre as suas necessidades? A resposta veio com mais uma confusão que a distanciava de si mesma. "Eu preciso que ele me apoie e me escute." Expliquei que as necessidades não vêm com o endereço correto de quem deve atendê-las. Esse era o *como* atendê-las; eu gostaria que ela me dissesse o *o que*. Pedi que ela saísse do "estou triste porque ele não me escuta e apoia" para "estou triste porque eu gostaria/queria/desejava/esperava..."

A confusão entre estratégia e necessidade é comum e costuma ser a raiz de muitos dos nossos desentendimentos e brigas. A necessidade se refere ao que nos alimenta física e emocionalmente, ao que precisamos e pode tornar nossa vida melhor e mais feliz. A estratégia está relacionada ao que podemos fazer para atender a nossa necessidade. Ao *como*. Érica precisava de apoio, reconhecimento e escuta, e uma forma de ter a sua necessidade atendida era que o marido o fizesse. Uma forma, não a única. O marido atendê-la era uma estratégia. Quando nos aprisionamos à estratégia, esquecemos que existem outros caminhos para atendermos as nossas necessidades. Quanto mais nos sentimos encurralados em um beco sem saída na forma de atendermos o que precisamos, mais as atitudes desesperadas para conseguirmos o que queremos parecem a única possibilidade. Falaremos melhor disso no próximo capítulo.

Uma conversa corajosa é uma conversa conectada com o nosso coração. Os quatro passos da comunicação não violenta são uma forma de estabelecer essa conexão. Não são uma receita de bolo, mas perguntas que nos fazemos e que nos mantêm vivos e ativos nas nossas trocas. São luzes que iluminam nosso caminho para dentro de nós mesmos. Podemos resumi-los em quatro perguntas:

- *O que está acontecendo?* Esse é o momento em que questionamos os nossos pensamentos e separamos o julgamento do fato. Enquanto esti-

vermos perdidos em nossas histórias mentais, estaremos desconectados de nós e do outro.
- *O que eu estou sentindo?* Enquanto estamos focados em imaginar os motivos dos comportamentos dos outros ou rotular as suas ações e personalidade, gastamos a nossa energia em algo que não podemos mudar. E, se tivéssemos o poder de mudar, não nos sentiríamos satisfeitos com essas mudanças se elas não estivessem alinhadas com o que realmente precisamos. Só nos conectamos com nosso coração se o escutamos. Lembrando que estamos julgando todas as vezes que utilizamos a palavra *sentir* acompanhada de *que*. O sentimento verdadeiro está algumas camadas mais profundo.
- *O que eu quero/preciso/desejo/necessito/espero?* Esse é o momento de nomear o nosso desejo. O que eu espero? De que preciso? Qual a minha necessidade que, atendida, fará a minha vida melhor? Nós não aprendemos a pensar no que fará nossa vida melhor. Aprendemos a sobreviver. Percebi isso quando meus filhos nasceram e a justificativa das pessoas que discordavam da minha forma de educar era: "Eduquei os meus filhos batendo, e eles não morreram," "Comeu açúcar no mingau e não morreu", "Gritei e não morreu." Não morrer era a comprovação de que as coisas deram certo. A coragem nos convida a ir além da sobrevivência. E nesse lugar que vai além da sobrevivência está o que queremos, precisamos, esperamos. Ao responder essa pergunta, lembre-se de que a estratégia e a necessidade são coisas diferentes. Você não precisa que a sua mãe apoie seus sonhos, você precisa de apoio e gostaria que esse apoio viesse dela. É de apoio que precisa, e ele não tem um único caminho para chegar até você. Separar necessidade de estratégia amplia as nossas possibilidades e nos conecta com o que realmente importa para nós.
- *O que o outro pode fazer para me ajudar a suprir essa necessidade?* Esse ponto importantíssimo desenvolveremos a seguir.

Pedidos conscientes

Estamos sempre pedindo. Sempre! Sabe o "falei por falar", que repetimos várias vezes sem pensar? Pois bem, ele é uma mentira. Todas as nossas trocas são pedidos. Ou agradecimentos. Marshall Rosenberg afirmava que tudo o que falamos se divide entre *por favor* e *obrigada*. O grande problema é que não temos consciência disso, e, na maioria das vezes, esse *por favor* não está alinhado com o que realmente sentimos e precisamos. Nos próximos capítulos, vou ajudar você a identificar o *por favor* dito pelo outro. Nesse momento, vamos entender os vários pedidos que fazemos sem consciência e como podemos alinhá-los com o que vive em nós.

Ao fazermos um pedido, é importante que estejamos conectados com a intenção de tornar a nossa vida mais maravilhosa. De tornamos os nossos dias e os dias dos outros melhores, porque, sim, eles podem ser melhores. Não estou afirmando que viveremos em um conto de fadas de pura alegria e felicidade, mas que, mesmo em meio às angústias e tristezas, as chances de ter as nossas necessidades atendidas aumentam quando os nossos pedidos estão sintonizados com o desejo de cuidar de nós e do outro. Quando estamos presos na intenção de provar que estamos certos, nos desconectamos do que realmente importa para nós. O mesmo acontece quando estamos focados em ser aceitos. No capítulo anterior, falamos sobre caber e pertencer, e, sempre que você deixa de falar algo, com a intenção de caber, a sua necessidade de pertencimento continuará não atendida. Por mais desconfortável e estranho que pareça demonstrar o que realmente deseja e sente, é muito mais desconfortável se limitar para caber em formas que não nos representam.

Cuidar do que importa para você não é sinal de egoísmo, mas de responsabilidade. Alguém paga a conta do que não é dito e cuidado. A sua saúde, o seu bem-estar, o seu relacionamento. Por mais que acreditemos que abrimos mão do que desejamos por amor, guardamos ressentimentos e mágoas pelo que fizemos. Temos o nosso caderninho mental com os *fiz por você* listados e organizados em ordem de mágoa, e deixamos que essa lista coordene as nossas atitudes, sem que tenhamos noção disso. É claro que, para nos relacionarmos com alguém, faremos coisas que não estão em nossa lista de *maiores prazeres da vida*, mas o faremos porque estamos conectados com o desejo de cuidar do outro, e não porque desejamos evitar o estresse e a briga. A diferença parece sutil, mas nos leva para caminhos bem diferentes. Há um exemplo que costumo dar e que ilustra bem o que digo. Imagina que seu parceiro ou parceira convida você para jantar com um casal de amigos. Você não gosta do casal e está em um dia difícil, a única coisa que deseja é relaxar, tomar um banho e ver uma boa série na TV. Assim que ele faz o convite, os pensamentos invadem a sua mente. *Eu estou exausto(a). Detesto aqueles dois, não estou com paciência para ser simpático(a) com ninguém. Se eu disser não, já sei que ele(a) vai encher meu saco! Vou TER QUE ir.* A partir desse discurso interno, você tem algumas opções;

- *Atender e fazer o que o outro quer, acreditando que não tem opção.* Esse é bem comum para muitos de nós, que crescemos com foco em obedecer, e com muito medo de punição. Nós nos vemos sem opção e atendemos o que o outro quer, oprimidos pelo *tenho que*. Neste caso, a lista de *fiz por você* cresce, e mesmo que não tenhamos a coragem de admitir, achamos que o outro nos deve algo. Agora o seu parceiro deve a você o relaxamento que você não teve, o conforto do pijama que foi adiado, a preguiça no sofá que você não aproveitou. A partir daí, todo erro ou falha dele é cobrado com juros, pois você já fez sacrifícios demais para ainda ter que tolerar a humanidade do outro. O simples ato de entrar numa rua errada no trânsito vira uma briga ou uma interminável sessão de caras e bocas e atitudes passivo-agressivas, dependendo da sua personalidade. É provável que a sua noite termine com uma insuportável dor de cabeça, como um aviso claro do seu corpo de que você passou algumas esquinas do seu limite. Consegue perceber que, quando você faz algo porque *tem que* fazer, alguém paga o preço?
- *Interpretar o pedido como falta de cuidado e brigar para se defender.* Aqui esquecemos que nem tudo o que o outro faz ou pensa tem a intenção de nos atingir. Entendemos que o pedido é uma falta de cuidado e de valorização dos nossos esforços. "Eu detesto aqueles seus amigos e não sou obrigado(a) a ir. Não quero. Você não consegue perceber o quanto estou exausto(a)? Trabalhei o dia inteiro, atendi clientes insuportáveis, não saio de casa nem que o Will Smith me convide para sair. Se você fosse menos egoísta, ia ver que não tenho a mínima condição de sair de casa! Mas você só pensa em você mesmo(a), acha que o mundo é do tamanho do seu umbigo!" Nesse momento o nosso coração não está na

conversa. Estamos imersos nos pensamentos e julgamentos e gritamos a dor, o cansaço, a vontade de colo e amparo. Ferimos e saímos feridos de trocas assim.

- *Dizer não de maneira empática e respeitosa.* Nesse momento estamos conectados com nosso coração e também conseguimos lembrar que a atitude do outro fala sobre o coração dele. Não nos ofendemos com o seu pedido — falaremos mais sobre isso no capítulo sobre escuta — e decidimos atender à nossa necessidade de descanso e relaxamento. "Amor, vejo que é importante para você ter companhia nesse encontro. Acontece que tive um dia bastante complicado e preciso relaxar e recuperar as minhas energias. Você pode ir sem mim ou pode remarcar para um dia que eu esteja mais disposto(a). Qual das duas opções parece melhor para você?" Percebe que podemos respeitar o nosso limite sem necessariamente ofender e desrespeitar o outro? Em momento algum a fala foi ofensiva. Existe uma garantia de que o outro vai aceitar lindamente o nosso limite? Claro que não! Mas estamos conectados com nosso coração e assumimos a responsabilidade de cuidar dele em vez de cobrar que o outro o faça.
- Escolher atender o pedido, assumindo a responsabilidade pela escolha. Em vez de acreditar na ladainha mental de "tenho que atender ou vamos entrar em mais uma briga", você percebe que é importante para o outro e decide que pode atendê-lo. Mesmo sentindo cansaço e um desejo grande de relaxar, acredita que atender o pedido é um gesto que cuida de coisas importantes para a relação e para você. E ressignifica a escolha, sem acreditar que está fazendo um sacrifício por amor. "Amor, vejo que é importante para você e eu quero te fazer companhia. Hoje tive um dia bastante complicado e desejo muito descansar. Podemos ir e estar de volta às 22h? Como essa ideia soa para você?"

Existem muitos caminhos possíveis para lidarmos com as situações, e quando escutamos as nossas necessidades conseguimos cuidar melhor do outro e de nós. Precisamos ter coragem de nos perguntar o que queremos. *O que eu quis dizer quando falei isso com ele? O que eu queria quando me expressei daquela forma?* Sair do modo automático de viver exige coragem, mas os frutos são inegáveis para todas as nossas relações! Somos constantemente movidos pelo desejo de cuidar, de amparar, de ver a nós e ao outro felizes, mas o fazemos brigando, reclamando, ameaçando, porque em vez de nos conectar com o que realmente desejamos, estamos sintonizados com o medo de não ter atendido o que desejamos. Esse medo é um péssimo guia. As quatro perguntas nos ajudam a alinhar o que falamos e fazemos com o que precisamos.

Assim que a pandemia de Coronavírus foi deflagrada, em março de 2020, uma amiga me ligou para falar sobre os pais idosos. As evidências científicas mostravam que a população acima de 60 anos era a mais vulnerável ao vírus e que, por isso, deveriam ser as mais diligentes nos cuidados que preveniam o contágio, incluindo o principal deles, o isolamento social. Acontece que os pais dela não aceitavam ficar em casa. Ela me contou que perdeu a cabeça e brigou com ambos, que eles eram irresponsáveis e só faziam o que queriam.

— Falei que eles iam morrer, os dois, e que eu não iria ao enterro! Custa o quê ficar em casa?
— Dá muito medo saber que eles estão expostos ao vírus, né?
— Tenho medo de que eles morram!
— Sim, posso perceber. Você os ama demais, eles são importantes e é duro imaginar que podem sofrer por algo evitável.
— Nossa, não consigo nem pensar!
— Posso te fazer uma pergunta? Quando você falou com eles, estava sentindo o amor ou o medo?
— Ai... o medo...
— O medo fala bem alto mesmo. O que mudaria na sua fala se você estivesse conectada com esse cuidado e esse amor?

Por um tempo conversamos sobre o cuidado e o carinho que ficam abafados pelo medo, pelas inseguranças, pelos pensamentos e julgamentos. Após a nossa conversa, as falas com os pais já não estavam repletas de ameaças e medo, e por isso geraram uma conexão diferente. Sem precisar defender a própria autonomia, os pais dela a escutaram. Cada grito que você deu em sua vida escondia um cuidado com algo que importava para você, e que se perdeu. Ao focarmos no que estamos observando, sentindo e precisando, o pedido não sairá do medo, mas dessa conexão com o cuidado. A intenção já não será fugir do medo, mas acolher e cuidar do que importa. Quando falamos conectados com esse cuidado, o outro já não precisa se defender. Pode escutar, também, o que vive em nós. Pode se conectar com esse desejo de cuidado. Não teremos certeza de que o fará, porque cada um de nós tem a sua história, e quem foi julgado a vida inteira demora para compreender que existem outras formas de se relacionar, mas, ao falar assim, aumentamos as nossas chances de uma escuta verdadeira.

Depois de encontrar a resposta para o que você está observando, sentindo e precisando, é hora de formular um pedido consciente e que diminui as resistências de quem nos escuta.

- *Faça pedidos afirmativos.* Peça o que quer e não o que não quer. Pedidos negativos deixam em aberto o que realmente desejamos. Imagine que você está em um restaurante e, ao fazer o pedido, diz para o atendente: "Eu não como carne e também não gosto de cebola." Quais as chances de ele adivinhar o que você deseja e trazer um pedido que satisfaça a sua vontade? Nos nossos relacionamentos, sem perceber, fazemos coisas parecidas, tão ilógicas quanto. Falamos o que não queremos e esperamos que sejamos atendidos no que queremos. "Não quero que você trabalhe tanto" não fala do desejo de ter mais companhia. "Não conte para a sua família sobre os nossos planos" não deixa claro o seu desejo de privacidade e cuidado com os seus projetos. Apesar de parecer óbvio, não é. Nunca é. E o óbvio precisa ser dito.
- *Faça pedidos exequíveis.* Como indiquei no tópico anterior, o óbvio precisa ser dito. O que parece óbvio para você não é para mim, por um simples motivo: somos seres diferentes. Cada um de nós experimentou sensações diferentes ao longo da vida e guardou em si significados diferentes para cada palavra. Por mais que acreditemos que as palavras que expressam sentimento possuem apenas um significado (o nosso), cada pessoa tem uma forma de compreender e vivenciar esses conceitos. Em vez de pedir cuidado, carinho, apoio, amor, escuta, fale como a pessoa

pode atender esse pedido. Como alguém demonstra cuidado para você? De que forma pode demonstrar que está escutando? Que atitude pode adotar para que você tenha satisfeita a necessidade de apoio?

- O mais interessante dessa reflexão é perceber que, muitas vezes, o que queremos é impossível de ser atendido e que a raiz da nossa frustração não está no que o outro faz, mas em nossa expectativa irreal. Lembro de uma vez que eu conversava com o meu pai e, quando discordei dele, ele me disse que eu não o honrava. Ao escutar aquela frase, tomei um susto. Como assim não o honrava? Nunca o havia tratado mal, reconhecia e agradecia as coisas bacanas que fizera por mim. A afirmação me parecia absurda! Tive vontade de brigar, de reagir. Até que percebi que a palavra *honra* tinha cores diferentes para ele e para mim. Perguntei, com curiosidade, o que ele entendia por *honra*. "É você pensar se vai me orgulhar antes de agir." Concordamos que eu não o honrava, não de acordo com o conceito que ele tinha estabelecido como honra. E arrisco dizer que ninguém o fará. Quantas vezes confundimos "você não me escuta!" com "você não faz as coisas do jeito que eu disse que deveria fazer", como se escutar e seguir o seu conselho fossem a mesma coisa? Quantas vezes confundimos "você não me ama" com "você não adivinha os meus desejos antes mesmo de eu desejar"?

- Em vez de falar: "estou com saudades, gostaria de ver você mais vezes", fale o que significa o "ver mais vezes" para você. "Sinto saudades, o que acha de nos encontrarmos uma vez por mês para tomar um café, ver um filme e nos divertir juntos?" Quais das duas frases deixa clara sua intenção e seu desejo? E qual delas facilita a vida de quem deseja atendê-lo? Se sairmos do campo das obrigações e acreditar que temos vontade real de nos conectar uns com os outros, que as pessoas que amamos e que nos amam desejam tornar a nossa vida e a delas mesmas mais maravilhosa, facilitamos que isso aconteça quando deixamos claro o que desejamos, pois damos ao outro a oportunidade real de melhorar nossa vida!

- *Faça pedidos conscientes.* Estar consciente do que está pedindo é ter a coragem de se conectar com a sua intenção. Já que não falamos apenas por falar, o que desejamos com as nossas palavras? Quer ter um retorno, saber o que a pessoa pensa a respeito do que você disse? Então, é melhor perguntar do que se irritar por ter falado e a pessoa ter permanecido em silêncio. "Eu gostaria de saber o que você pensa a respeito do que falei." Por vezes não queremos saber a opinião do outro nem o que pensa sobre o que fizemos ou falamos, então, podemos ser honestos com esse desejo de receber apenas empatia. "Hoje tive um dia difícil e gostaria de desabafar e receber um abraço e escuta. Você acha possível apenas me escutar, sem conselhos, e me abraçar?" Saber o que desejamos faz com que pedir seja mais fácil. Diminui a frustração, o ressentimento e as brigas.

Quando conseguimos escutar o que está vivo em nós e assumimos a responsabilidade de cuidar de cada descoberta que fazemos, os relacionamentos não viram prisões que custam o nosso bem-estar e a nossa felicidade. Lembre que limites são importantes e conhecer e defender os seus torna a vida melhor.

Resumo do capítulo

- A maioria de nós não aprendeu a cuidar dos próprios limites quando crianças e, por isso, defender o que desejamos na vida adulta exige esforço e atenção intencionais.
- Limites são bordas que protegem o que importa para cada um de nós. São cuidado, e não há relação emocionalmente saudável e equilibrada que não precise dessas demarcações. Uma relação que não nos permite dizer "não" é uma relação difícil demais para estar.
- Confundimos dependência, codependência, tomar conta e abrir mão dos nossos limites com amor.
- Quando tomamos conta do outro, esquecemos como é existir. E esquecemos, também, que o outro existe. Ficamos aprisionados em termos de obrigações, culpa e medo. Nós nos definimos pelo que fazemos e realizamos, e nos desconectamos da potência de simplesmente existir. De nos relacionarmos porque escolhemos, e não porque precisamos ou porque precisam de nós.

- A comunicação não violenta não é um método para melhorar a sua capacidade de convencer o outro a fazer o que você quer. Não se trata de mais uma ferramenta para influenciar as pessoas. Não será o caminho perfeito para mostrar para a sua sogra o quanto ela está equivocada sobre o que pensa sobre você. É nos conectarmos com a nossa intenção, com o que está vivo em nós, e esse é o cerne de todo o processo, o ponto mais precioso para uma conversa corajosa.
- Julgar faz parte da vida e é importante lembrar que o que pensamos sobre a realidade e o que ela realmente é não são a mesma coisa, ao mesmo tempo que entendemos o que os nossos julgamentos falam sobre nós, não sobre o outro.
- Observar sem julgar é descrever a realidade como ela é. Rotular, usar palavras como *sempre*, *nunca*, *jamais* e confundir previsões com a realidade são expressões de julgamento que atrapalham a conexão.
- Os sentimentos são bússolas que apontam para as nossas necessidades que estão ou não sendo atendidas. Quando os escutamos, aprendemos muito sobre nós. Mas eles ficam escondidos em camadas e camadas de pensamentos que nos distanciam do que está vivo em cada um de nós.
- Quatro perguntas podem nos ajudar a entender o que está vivo em nós: *O que está acontecendo?*, *O que estou sentindo?*, *O que eu quero/preciso/desejo/necessito/espero?*, *O que o outro pode fazer para me ajudar a suprir essa necessidade?*
- Pedidos corajosos estão conectados com a intenção de tornar a nossa vida mais maravilhosa. Devem ser afirmativos, exequíveis e conscientes.
- Limites são importantes, e escolher conhecer e defender os seus torna a vida melhor.

CAPÍTULO 3

MAIS QUE MOCINHOS(AS) E VILÕES(ÃS)
As pequenas chantagens emocionais do dia a dia — e como sair delas

A cena é um clássico do cinema ou das novelas. Uma personagem descobre um segredo da outra e a manipula com a intenção de conseguir o que quer. A vilã ou vilão — porque quem faz as ameaças é sempre uma pessoa má — transforma a vida do mocinho ou da mocinha em um ınferno. O nosso herói ou heroína sofre abrindo mão do que quer e age de acordo com a cartilha do chantagista em nome da defesa de algo maior, normalmente a vida de alguém que ama muito. Ou para salvar o casamento, ou a carreira que tanto lutou para criar. Fato é que aprendemos que a chantagem emocional é um jogo entre alguém malvado, cruel e egoísta e uma pessoa bacana, batalhadora e esforçada. Duas pessoas com adjetivos opostos em uma luta do bem contra o mal.

Na vida real as coisas não são exatamente assim. As pequenas — e grandes — chantagens do dia a dia não envolvem um vilão e um mocinho e tampouco um segredo grave que, se tornado público, pode destruir a vida do chantageado. No cotidiano, as trocas chantageadoras envolvem pais, filhos, cônjuges, amigos e colegas de trabalho. Em lugar do tal segredo, temos ameaçados o amor do outro, a aceitação, o carinho, o emprego, a promoção no emprego, a guarda dos filhos, o futuro planejado, a imagem que criamos para nós. Fantasiada de senso de obrigação, culpa e medo, a chantagem emocional permeia grande parte das nossas relações e sequer nos damos conta do que estamos vivenciando.

Aprendemos a fazer chantagem e a sermos chantageados ainda muito novos. A base da educação de crianças, na maior parte das famílias, é a chantagem emocional. "Você só vai ganhar o brinquedo *se* arrumar o quarto", "*Se* você não sair daí agora, eu vou te bater!", "Assim você deixa a mamãe muito triste", "Eu vou adoecer com você agindo assim!", "Desse jeito você nem parece minha filha, não merece o sobrenome que tem", "Vamos fazer uma viagem incrível quando você merecer". Por mais educacionais que essas frases pareçam, são, todas elas, demonstrações claras de chantagem emocional. Ameaças, promessas de recompensas, vitimismo, uso do senso de obrigação. Trocas que desconsideram o mundo interno de quem escuta essas frases, seus sentimentos e necessidades, e resumem todo o diálogo à vontade de quem pede/exige, não importa o quanto custe ao outro atendê-la.

Não o fazemos porque somos maus, ruins, vilões de novela. A chantagem surge da ausência de conhecimento de outras formas de agir. Ela aparece quando o medo fala mais alto que o desejo de cuidado e amor. Todas as relações possuem algum grau de manipulação. Aquela voz dengosa que insiste mesmo que o outro diga "*não*". A irritação porque as coisas não aconteceram da forma planejada. A briga quando o outro decide que tem outras prioridades além de atender às nossas necessidades. Volta e meia somos manipuladores, porque vivemos em uma sociedade que utiliza o medo, a culpa, o senso de obrigação e a vergonha como principais motivadores para conseguir o que quer. A manipulação passa a ser uma chantagem emocional que exige nossa atenção e nosso cuidado quando custa a energia, felicidade e disponibilidade de alguém. Quanto da vida do outro estamos exigindo para termos os nossos anseios atendidos. E quanto pagamos da nossa própria vida enquanto atendemos o que o outro quer e espera de nós?

Será que é chantagem?

"Você vai ter coragem de viajar em pleno Natal? O que eu vou falar com o seu pai? O que eu vou fazer com as coisas que já planejei para o final de ano, sem você e as crianças aqui? Meu Deus, eu não esperava por essa. Mas tudo bem, meu filho, pode ir. Se divirta em sua viagem, seu pai e eu damos um jeito, sozinhos em casa no Natal."

"Acho que você é uma profissional muito boa, pode subir muito na carreira. Se fizer tudo o que eu falar aqui na empresa, essa promoção vai chegar rapidamente."

"Amiga, só você pode me ajudar a resolver esse problema. Eu não sei o que vai acontecer com a minha carreira se você não conversar com a equipe do RH. Eu acho que vou perder o emprego; como vou pagar o plano de saúde da minha mãe?"

"Quer dizer que você não vai comigo para a festa da empresa? É a sua decisão? Sinceramente, se você me amasse nem levantava a possibilidade de me deixar ir sozinho!"

"Eu não vou suportar perder você, a minha vida vai acabar. Não faz isso comigo, você sabe que eu tenho depressão, não faz isso comigo!"

Temos pouca consciência sobre o que é a chantagem emocional e como ela está presente em nossas relações, por isso comecei este capítulo trazendo para você frases que são comuns em muitas relações e que são demonstrações claras de chantagem. Há um tempo assisti a uma cena em uma das minhas séries favoritas, *This is us*, em que mãe e filha conversavam. A mãe criticava, reclamava e exigia coisas da filha, e ela, tensa e cansada, explodiu: "Você sabe por que meus irmãos e eu não visitamos você? Porque perto de você falta ar!" Já reparou que algumas relações criam uma atmosfera tão densa e pesada ao nosso redor que fica difícil respirar? Que o ar entra e sai de maneira tão rápida e acelerada que não conseguimos relaxar? Perder a autonomia e o direito de cuidar dos próprios desejos e necessidades tem um preço alto, que pagamos com nosso bem-estar e nossas relações, não somente a relação em que somos chantageados. Isso acontece por um motivo muito simples: não conseguimos compartimentar a vida e separar cada relação em caixinhas distantes umas das outras. As dores e os sentimentos se misturam. Depois de um dia inteiro prendendo o ar em uma relação insuportavelmente desgastante com o chefe, é ilusão acreditar que você chegará em casa com tranquilidade e disposição para lidar com as demandas da relação com os filhos, com o companheiro ou companheira, com a família. O cansaço e o estresse vão desconectar você do cuidado e conectar você com o medo, com a vontade de parar a dor. E, nessa sintonia, a chantagem vai parecer a única saída. Chantageados costumam atuar como chantagistas em outras relações — por vezes, na mesma.

No livro *Chantagem emocional* a terapeuta Susan Forward discorre sobre a chantagem emocional e todas as suas nuances, mostrando, inclusive, os tipos de chantagistas. A classificação é importante para sabermos identificar as situações que vivenciamos e como lidar com elas. É com base nesse estudo que desenvolverei este capítulo. Nomear a chantagem como tal nos traz maior clareza sobre como agir e fortalece a certeza de que precisamos respeitar e defender nossos limites, porque o outro, perdido em seus próprios medos e angústias, não o fará. Não é uma forma de rotular alguém, mas de identificar a situação. A chantagem emocional é o caminho que muitos de nós aprenderam a trilhar para atingir os próprios objetivos, e identificar quando estamos dançando entre os dois polos nos traz a liberdade de romper os ciclos.

Assim como não é uma demonstração de falha de caráter, a chantagem também não condena as relações ao rompimento. Podemos construir novos caminhos para nos relacionar; existe vida após a identificação de problemas nas nossas relações e comunicação. Claro que esse caminho de reconstrução da forma de se relacionar não será responsabilidade apenas de um. E, caso o outro não esteja disposto a mudar a forma de atuar na relação, o melhor caminho talvez seja o rompimento, mas essa não é a regra. Não temos apenas as possibilidades *abandonar as relações ou ficar, doa a quem doer*. Identificar em nós a vontade de construir formas mais respeitosas e profundas de nos conectarmos é o passo mais importante para iniciar esse cuidado com as relações. O final feliz não significa uma garantia, mas permanecer numa relação que custa a nossa paz e a tranquilidade representa, por si só, um sofrimento que nos rouba a felicidade! Temos medo de dar nome às coisas, porque assim não poderemos mentir para nós mesmos e criar justificativas para as atitudes do outro que nos machucam. Mas não dar nome não diminui a nossa dor. Identificar as situações em que somos chantageados e chantagistas exige coragem. E pode mudar nossa vida.

O "não" que dizemos e ouvimos não é um *não* universal, mas um *não* para aquilo que é proposto, como é proposto, no momento em que é proposto. Ao identificar a chantagem e decidir dar passos para que ela acabe, estamos dando *não* para a relação nos moldes em que ela se apresenta, da forma em que ela se apresenta. E é o chantageado que precisa dar esses passos, porque raramente quem pratica a chantagem emocional vai passar, do nada, a enxergar o outro e as suas necessidades. Estabelecer limites que protegem o seu querer é sua responsabilidade. Uma relação que nos retira a possibilidade de dizer "não" é uma relação que custa muito para nós, mesmo que não assumamos isso. Como dito anteriormente, vamos analisar os principais tipos de chantagistas, segundo o estudo realizado por Susan Forward.

CASTIGADORES

Os castigadores são os que utilizam a punição como principal método para conseguir o que querem. Eles se dividem em *ativos* e *silenciosos*. Os castigadores ativos são o tipo mais evidente de chantagistas, porque deixam clara a desconsideração com o que desejamos ou pensamos, no momento em que fazem as suas exigências. Deixam claro o jogo de poder que envolve a chantagem e se colocam em lugar de superioridade com quem chantageiam. "Se você não assinar o divórcio, eu vou tomar a guarda das crianças." "Você não precisa ficar para a reunião, não tem problema... mas não ache ruim se amanhã tiver outro funcionário no seu lugar." "Você vai comigo para a casa da minha mãe ou eu não vou para a festa na casa da sua amiga."

O medo de quem escuta as ameaças dos castigadores faz com que esqueça as possibilidades que tem. Diante das ameaças, gritos e humilhações, a sensação de desproteção e desamparo cresce em um nível muito alto, a ponto de não ser possível escutar os próprios sentimentos. Essa é, aliás, uma das características da chantagem emocional: ela aumenta os sons naturais da culpa, do medo e do senso de obrigação a um volume tão alto que impede o raciocínio claro. No caso dos castigadores, nos vemos em uma encruzilhada, presos entre dois caminhos: fazer o que o castigador quer ou assumir as infinitas dores que certamente virão da punição após a negativa.

As ameaças não são uma arma de pessoas ruins, mas a repetição de um aprendizado infantil. O castigador se coloca em lugar superior na relação e acredita que os seus castigos e punições ensinarão ao chantageado o que ele precisa aprender. Consegue reconhecer a repetição da dinâmica presente na relação de pais e filhos? Como disse lindamente Paulo Freire, "Quando a educação não é libertadora, o sonho do oprimido é se tornar opressor." Ao sentir medo, insegurança e angústia, o castigador utiliza a arma que conhece para suportar a dor: ameaça, grita, brada. Por mais que pareça uma demonstração de poder, a raiva esconde a própria fragilidade. Experimente, em um momento em que estiver só ou com alguém que apoia você, repetir frases ameaçadoras que já escutou. Grite as frases e depois perceba o que acontece em seu corpo. Os sintomas que percorrem seus braços e pernas, a ansiedade presente em seu coração. São sinais claros de medo, não de poder. Medo de perder o poder sobre si e o que acontece em sua vida, além da convicção de que a única forma de proteger esse poder é subjugando o outro, porque relacionamentos seriam uma disputa constante de poder em que um perde e o outro ganha. E, já que alguém tem que perder, que não seja o castigador.

CASTIGADORES SILENCIOSOS

Marisa estava em um casamento aparentemente feliz. Tinha um marido amoroso e gentil, com quem se relacionava bem, que jamais gritava ou se descontrolava, como escutava nas histórias das amigas sobre os seus maridos. Acontece que a relação feliz e harmoniosa ruía sempre que dizia "não" ao companheiro. Apesar de não gritar, a arma utilizada por ele – a indiferença e o silêncio – retirava as suas forças e o seu chão. Inicialmente, as situações em que isso ocorria eram muito pontuais. O dia em que ela decidiu passar um fim de semana com a mãe em um hotel rendeu uma semana sem se falarem. Ao chegar em casa, o marido estava com o rosto sisudo e silencioso, e assim permaneceu por alguns dias, até que ela, culpada e angustiada, pediu perdão, assumiu sua decisão como um erro e prometeu jamais repeti-lo. Com o passar dos anos, o comportamento piorou bastante. O que ocorria em situações muito específicas passou a acontecer por qualquer discordância. A expectativa de viverem o silêncio torturante deixava Marisa sem ar. O relacionamento já não parecia tão feliz. Existia uma tensão constante, a sensação de que, a qualquer momento, o clima da casa mudaria e pareceria um cemitério. E Marisa odiava cemitérios. A situação chegou a um extremo: Marisa queria cortar o cabelo e tinha medo do silêncio do marido. Um corte de cabelo. A autonomia sobre o próprio corpo. Definitivamente, algo precisava mudar em sua relação.

Os chantagistas castigadores silenciosos são sutis. Não gritam, não enlouquecem, não ameaçam. Não dizem o que vão tirar de você se não atender exatamente o que desejam. Mas torturam mesmo assim. A punição é silenciosa, mas não menos eficaz. Eles se tornam um lembrete vivo de que você não fez o que queriam. E só. Sem troca, sem interação. A indiferença é um dos maiores medos da nossa infância. Deixa em aberto o que o outro está sentindo, e as criações da nossa mente a partir do medo dão cores tenebrosas ao silêncio. Quando aconselho pais que estão vivenciando situações de muitos maus comportamentos dos filhos, pergunto como está a conexão e a atenção que estão ofertando para a criança, porque ela precisa de atenção e tentará consegui-la, mesmo que seja ruim, com gritos e castigos. Inconscientemente, aprendemos que atenção ruim é melhor que nenhuma atenção. O castigador silencioso aprendeu isso, e usa essa informação a seu favor. E o chantageado, ansioso para encerrar os contornos de tortura que o silêncio tomou, aceita qualquer coisa, promete qualquer coisa, desde que a dor pare.

Marisa racionalizava os comportamentos do marido, justificando um a um. Utilizava os conhecimentos que tinha sobre a infância do companheiro para manter-se enredada em seus quereres. As situações que não nos custam muito de nossa vida, nossa energia e nosso bem-estar não pedem muita racionalização e justificativa, são mais fluidas e claras. Os momentos em que repetimos mil vezes para nós mesmos que esse ou aquele comportamento são aceitáveis e normais, que estamos sendo intolerantes e bobos e que não custa nada atender ao querer do outro são sinais claros de que algo está errado em nossas escolhas, que elas não estão alinhadas com os desejos do nosso coração. Saber que os comportamentos do marido eram motivados por sentimentos e necessidades que ele tinha, que a história de vida dele não o ensinou a conseguir o que queria de forma diferente, não justificava Marisa abrir mão da própria liberdade. Ela era esposa, não terapeuta dele. Este é um dos pontos mais difíceis quando pensamos em adotar uma comunicação empática e respeitosa, saber o limite da empatia e do acolhimento. Entender o que nos cabe e o que não é nossa responsabilidade, visto que não podemos correr o risco de nos misturar ao outro a ponto de não saber quem somos.

AUTOPUNITIVOS

Júlio recebeu uma proposta de trabalho em uma cidade mil quilômetros distante de onde morava. A vaga era a realização de um sonho. Atuaria em um ramo que adorava e seria gerente geral das filiais da empresa. Era uma proposta irrecusável. Mas, no meio do caminho tinha uma pedra. Cada vez que pensava em deixar a mãe, o corpo doía de medo do que podia acontecer. Ele morava em uma casa vizinha à dela e, mesmo casado e com três filhos, fazia pelo menos uma refeição por dia com a mãe e o pai. Júlio se sentia responsável pela felicidade da mãe e não fazia nada que pudesse chateá-la. O que ela faria se ele fosse embora? Conversou com a mãe sobre a possibilidade de mudança, e a reação dela foi ainda pior que a esperada. "Vou morrer sem você aqui. Eu vou adoecer. Você sabe que não aguento uma tristeza dessa. Meu Deus, o que eu vou fazer? Você vai aceitar, meu filho? Você sabe que eu quero que você seja feliz, quero mesmo, mas o que vou fazer sem você e os meus netos? Você já ganha bem, não precisa ir embora. Onde está meu remédio de pressão? Tenho certeza de que a minha pressão está alta, estou passando mal." E agora, o que faria? Como conviveria com a culpa se a mãe realmente adoecesse a ponto de falecer? A possibilidade de perdê-la parecia tão real, quase palpável, que a felicidade pela proposta de emprego se dissipou. Tornou-se um castigo ter que tomar uma decisão que, segundo os seus medos, poderia custar a vida da mãe.

Quando falamos dos limites da empatia e do cuidado com o outro, alguns tipos de chantagem são os mais perigosos e difíceis de lidar. Enquanto os castigadores despertam nosso medo sobre o que podem fazer conosco, os autopunitivos despertam nossa culpa em relação ao que pode acontecer com eles. O que podem fazer se não atendermos exatamente o que querem, do jeito que querem? Os autopunitivos nos fazem acreditar que todo sofrimento que experimentarão na vida será responsabilidade nossa. Conseguiremos viver com a culpa de sabermos que fomos responsáveis pelo sofrimento de pessoas que amamos e admiramos? Podemos conviver com o rompimento de obrigações sociais que aprendemos ainda muito novos?

Os chantagistas autopunitivos ampliam a culpa e o senso de obrigação em níveis quase enlouquecedores. Eles nos fazem acreditar que só existem dois caminhos: fazermos o que querem ou empurrá-los em um penhasco de intensa dor e sofrimento. Eles nos ameaçam com a própria saúde e o próprio bem-estar. Em casos extremos, nos ameaçam com sua própria vida. "Se você me deixar, eu me mato." Acontece que não podemos conter o impulso autodestrutivo de quem quer que seja. Não podemos fazer ninguém feliz, essa não é nossa responsabilidade. Você pode ajudar com indicações e tratamentos terapêuticos, acompanhamentos de pessoas qualificadas para cuidar. São muitas as possibilidades mais saudáveis para todos os envolvidos do que abrir mão do seu querer para evitar uma tragédia que não existe.

Uma coisa os filmes e produções de mídia sempre acertam: a chantagem não tem fim. É uma ilusão acreditar que é somente uma ocasião pontual, que vai acabar, que é somente dessa vez. Não, não é só dessa vez. Cada vez que atendemos ao pedido do chantagista para acabar com seu sofrimento e com o nosso, não acabamos com a dor, mas apenas a adiamos. E a próxima dor, a próxima chantagem, o próximo sofrimento e a próxima angústia certamente virão. Na realidade, a tendência natural é que se tornem cada vez mais frequentes, porque o chantagista se acostuma a ter seu querer atendido e fica cada vez mais demandante.

SOFREDORES

Carlos e Henrique eram amigos e estudavam em um mesmo curso de pós-graduação. Carlos estava acumulando muitas funções: se dedicava à monografia que precisava apresentar ao final do curso, acabara de abrir uma empresa e estava concluindo os trâmites necessários para a adoção do primeiro filho com o marido. Enquanto vivia uma das melhores fases da vida, que, apesar de demandante, se alinhava com a realização de alguns sonhos, o amigo Henrique parecia estar sempre com problemas. A todo tempo reclamava da namorada e do relacionamento que parecia caminhar para o fim, e da mãe, com quem morava. Certo dia, após descrever com detalhes as crises que vivia, Henrique pediu que Carlos assumisse parte da escrita da monografia dele, visto que não estava emocionalmente bem e certamente não daria conta de concluir. O que começou como apenas um pedido acabou com um ultimato: "Só você pode me ajudar. Se eu não entregar essa conclusão, não vão me aceitar no emprego de que eu tanto preciso. Você sabe que só estão aguardando o certificado, e eu não vou conseguir entregar! Você tem noção do quanto isso vai ser trágico para mim? Cara, eu não aguento mais morar com a minha mãe e não ter grana para sair com a minha namorada! Você pode mudar a minha vida!"

Carlos sabia que não podia assumir tamanha responsabilidade, sobretudo naquele momento da vida. Mas não conseguia lidar com a possibilidade de não diminuir o sofrimento de alguém. Que tipo de amigo seria se não ajudasse Henrique? A dúvida e a angústia pareciam consumi-lo, e a cada mensagem que recebia perguntando se podia ou não *ajudar* o amigo, ficava mais ansioso. De repente, encontrar o amigo e colega nos corredores da universidade tornou-se uma tortura. O rosto sempre sisudo e pesaroso de Henrique despertava em Carlos grandes doses de culpa pela própria felicidade. Como era possível ser feliz enquanto se negava a ajudar o amigo a sair do poço de dor em que estava mergulhado?

Os chantagistas sofredores despertam o nosso salvador interior. Tocam em nossa vontade de reduzir o sofrimento do outro e na obrigação infantil de fazer mamãe e papai felizes. A narrativa detalhada dos próprios sofrimentos, com o pedido de salvação, faz parecer que, se não atendermos o que pedem, seremos pessoas ruins, malvadas e sem coração. Lembra que a maioria de nós aprendeu que o mundo se divide entre pessoas boas e pessoas ruins? Os sofredores apelam para esse maniqueísmo e nos fazem duvidar da nossa própria bondade e humanidade. Descrevem o próprio sofrimento com riqueza de detalhes, bem como o sofrimento que viverão se não fizermos o que querem. Enquanto os autopunitivos afirmam que vão começar a sofrer se não atendermos aos seus quereres, os sofredores atribuem a nós a única saída da dor em que já estão inseridos. Nós nos tornamos sua tábua de salvação. Somente nós podemos salvá-los.

A urgência é uma das maiores características da chantagem emocional. Você não tem tempo de pensar, de ponderar, de procurar saídas. Precisa fazer o que é pedido, como é pedido, no momento em que é pedido. Você, só você. Falta o ar, e tudo que você deseja é respirar novamente, com alívio. Acontece que o chantagista sofredor tem no sofrimento um estilo de vida. Desenvolveu a personagem de mártir que é vítima do mundo, azarada e injustiçada, como forma de lidar com a própria existência. Ele não vai parar de sofrer se você atendê-lo, apenas vai mudar o sofrimento. Os chantagistas sofredores se ofendem com a nossa incapacidade de ler os seus pensamentos e salvá-los da própria dor, e seguem ofendidos e magoados, porque esperam do outro o que ninguém pode dar. Atender a um sofredor é um trabalho para a vida inteira, daqueles excessivamente cansativos e exigentes.

TANTALIZADORES

Carla era uma funcionária exemplar. Chefiava um setor importante de uma empresa de cosméticos de médio porte e se esforçava diariamente para manter a produção de maneira adequada e eficiente. Certo dia foi convocada para uma reunião com os seus superiores, e nela foi apresentada a uma ideia incrível. Haveria uma ampliação na empresa e ela seria promovida a diretora-geral. Para que isso realmente acontecesse, precisava se dedicar à construção do projeto de funcionamento e implantação de uma nova ala. Carla investiu muita energia nesse projeto. Foram noites dedicadas à empresa, horas e horas de trabalho não remunerado, tudo em prol de uma recompensa maior que logo viria. Na data em que informariam se o projeto fora aprovado e quando seria implementado, Carla foi parabenizada pelo brilhantismo do seu trabalho e informada de que, para que tudo desse realmente certo, o setor que estava sob a sua responsabilidade precisava atingir uma meta de produtividade duas vezes mais alta do que a que normalmente atingia. A decepção foi enorme. Apesar de elogiada pelos chefes, a recompensa prometida não veio; no lugar dela, mais uma condição. Será que, se realmente atingisse a meta, a promoção viria? Será que o tal projeto realmente existia ou era uma forma de mantê-la desesperadamente produtiva na empresa?

Sabe aquela cena de alguém andando a cavalo com uma espécie de anzol com açúcar ou cenoura preso na ponta, para que o animal caminhe? Pois bem, os tantalizadores são os que montam no cavalo enquanto seguram o anzol. São os chantagistas mais sutis, porque não prometem nos castigar ou não nos fazem duvidar de nós mesmos, mas em lugar disso oferecem uma recompensa, um presente, uma felicidade, um pote de ouro no final do arco-íris. As promessas variam entre promoções e recompensas profissionais a amor, aceitação na família e amizade. A mensagem é: *eu tenho algo que você quer e precisa e vou dar desde que você faça exatamente o que quero, quando quero, do jeitinho que quero.* Acontece que a recompensa nunca vem, não por inteiro.

Um tantalizador não dá de coração aberto, não faz nada com a intenção de tornar a sua vida mais maravilhosa. Eles agem em interesse próprio, enxergam as relações como uma constante troca de favores e usam nossa vontade de nos realizar profissionalmente, ser amados e aceitos como moeda de troca para alcançarem o que desejam.

Entender que existem vários tipos diferentes de chantagem faz com que consigamos reconhecer o que nos acontece nas relações. É importante dizer que uma mesma relação pode ser permeada por tipos diferentes de chantagem, e, por vezes, quem é chantageado de uma forma costuma ser chantagista de outras formas. Percebe como é complexo, como existem muitas nuances?

Os roxinhos emocionais

Existem machucados que deixam feridas que doem constantemente até que melhorem. Existem outros que, em vez de deixarem feridas abertas e expostas, causam *apenas* hematomas. Eu costumo chamar esses hematomas de *roxinhos*. Pequenas e grandes manchas arroxeadas que normalmente não doem, mas que, quando tocadas por alguém, nos fazem experimentar dores agudas. Nosso corpo emocional é cheio desses roxinhos. São hematomas que ficaram depois das trombadas, pancadas e lutas que travamos vida afora. A maior parte dessas dores não foi cuidada quando ocorreu. Grande parte delas, sequer tivemos consciência de que aconteceram. Mas ficaram marcadas em nossa história e regem muitas das nossas ações — e reações — no dia a dia, sobretudo nas relações mais íntimas.

As chantagens emocionais são um grande reflexo desses roxinhos. Quando as fazemos ou quando cedemos a elas, estamos com essas dores latejando e apenas queremos que parem. A forma que aprendemos a fazê-las parar, assim como tentar sarar os roxinhos, é, em regra, um aprendizado infantil. São ligações que fizemos como crianças sobre o que causava e o que aliviava a nossa dor. Ferramentas desenvolvidas por uma criança com pouco recurso psicológico e emocional para cuidar de si e lidar com o que lhe fazia sofrer. Queremos que a dor passe, que o medo passe, que a angústia vá embora. Não aprendemos que as dores fazem parte da vida e que pedem atenção e cuidado. Aprendemos a fugir da tristeza, da ansiedade, da frustração, como se fosse possível selecionar o que vamos sentir. Nessa busca constante de fugir dessa dor, desenvolvemos formas de lidar com o que acontece. E quem convive conosco aprende o que engatilha essas reações primitivas, o que dispara a nossa dor. Esse aprendizado do que funciona conosco é utilizado por quem pratica a chantagem emocional, ou seja, quem ensina ao chantagista como chantagear você é você mesmo.

Respira, não estou culpando você por absolutamente nada. Estou informando que, sem perceber, agindo como age, reprisando histórias da sua infância e mecanismos que aprendeu nos seus primeiros anos de vida, você ensinou a quem te chantageia as ferramentas que usar com você. Tomar consciência disso é maravilhoso, porque você ganha a linda oportunidade de romper esse ciclo. Se para a chantagem funcionar você precisa repetir o comportamento que tem, cabe a você fazer com que ela pare de surtir efeito. Raramente o fim da chantagem virá do chantagista, já que a chantagem funciona! Nos próximos tópicos, falaremos sobre como fazer isso, mas já adianto que não será tomando responsabilidades que não são suas. Não será convencendo ninguém a nada. O cuidado conosco e com os nossos limites é o grande segredo para a mudança.

Todos temos uma história. Nenhum de nós brotou absolutamente do nada nas relações. E essas histórias reverberam em nossas formas de ver a vida, de entender o que o outro diz, de agir quando queremos algo. Aprendemos ou desenvolvemos em algum trecho da caminhada cada conceito que carregamos em nós. Assim como estamos em nossas relações com nossas feridas e curas, com nossas luzes e sombras, as pessoas com quem nos relacionamos também estão. Mais uma vez repito: não estamos aprisionados nos papéis de vilões e mocinhos, a vida não é simplista como aprendemos que era.

Marisa, que era casada com um castigador silencioso, trazia em sua história motivos para ter tanto medo do silêncio. Era filha única e cresceu com o pai e a mãe, vendo uma relação entre eles conturbada e infeliz. O pai era um homem sisudo e grosseiro, que gritava diante dos desagrados, enquanto a mãe permanecia em silêncio profundo ao escutar os gritos do marido. Após as crises e brigas, o clima na casa ficava tenso e pesaroso. Por diversas vezes, ela compartilhava com as amigas que a família parecia viver em um constante funeral, faltava apenas um caixão com um corpo no meio da sala. Assim que saiu de casa, Marisa experimentou uma vida mais leve. Decorou a própria casa de forma divertida e animada e, consciente e inconscientemente, buscou fugir do clima de funeral que foi tão presente em sua infância. Quando o companheiro adotava o silêncio como forma de lidar com que o desagradava, a Marisa adulta e a Marisa criança se misturavam. Sentia o medo, a angústia, a ansiedade que foram presença frequente na infância. Experimentando uma dor tão profunda, fazia qualquer coisa para que ela parasse, inclusive assumir erros que não cometera e violentar os próprios limites.

O trauma não fica preso ao momento em que aconteceu, mas permeia outras ocasiões e, quando vivemos situações semelhantes às que causaram o trauma, experimentamos emoções e sensações físicas que o revivem, como se estivesse acontecendo novamente. Nosso funcionamento psíquico não é lógico e linear, não atende às regras da física. Passado e presente se misturam em um emaranhado muitas vezes difícil de desfazer. A criança assustada que fomos preenche o adulto e governa as suas atitudes. Manda, grita, ameaça e se faz de vítima, como o chantagista, ou atende, obedece e implora à mamãe que lhe tire do castigo, como o chantageado. Apertamos o *replay* de cenas que vivemos, oscilando entre os papéis de oprimido e opressor. Não sei listar quantas pessoas me procuram falando: "Elisama, prometi que jamais agiria como o meu pai, eu sei o quanto me machucou o que ele fez, mas, quando percebo, estou falando exatamente com as mesmas palavras, parece que sou ele."

Identificar esses gatilhos e colocar o passado no passado é uma tarefa imensa, que pede autoconhecimento, paciência e, na maioria das vezes, alguns anos de trabalho terapêutico. Não será natural e simples, mas nos liberta para decidir como vamos agir e para escrever novas histórias para nós mesmos. Tenho uma tendência bem grande a adotar a postura do chantagista castigador. Diante do medo, do cansaço ou de qualquer sentimento que me lembre da minha própria vulnerabilidade, meu padrão é tornar-me assustadora. A curiosidade de entender o que dispara as minhas reações me faz cada vez mais consciente e autônoma diante da vida. Buscamos autonomia e liberdade, e só as teremos realmente quando aprendermos a separar o passado do presente, construindo novas ações para além das repetições automáticas do que vivemos.

Júlio, o filho da mãe autopunitiva, mantém a dinâmica estabelecida na infância. Era o filho bonzinho, o que jamais desobedecia e que sempre fazia a mamãe feliz. Aprendeu a colocar na felicidade do outro a medida da própria competência e valor. Cresceu sem escutar os próprios sentimentos, necessidades e quereres, e reproduzia o papel do filho exemplar no trabalho, no casamento e em outras relações. Quando a mãe afirmou que adoeceria por culpa dele, Júlio viveu seu maior pesadelo de infância. Sentiu-se como a criança que desapontou a mamãe, com pavor da possibilidade de ser abandonado pelos pais, de quem dependia. Na infância, o medo de abandono é um medo de morte. Ser abandonado pelos pais significa perder o teto onde mora, a comida que sustenta. É uma possibilidade real de morrer. Ao escutar as ameaças de sofrimento da mãe, Júlio voltou a ser a criança que não pensa logicamente e não questiona os pais, sentindo o maior dos medos, o *abandono definitivo*, a mãe morta.

Cada um de nós tem inúmeros roxinhos emocionais que são pressionados pelos comportamentos do outro ou pelas surpresas da vida. Assim como Marisa tinha os padrões que a aprisionaram no papel que ocupava no casamento, cedendo à vontade do marido para retomar a sensação de paz e tranquilidade, ele também tinha em sua história raízes que o levaram a se silenciar diante do desagrado. O chantagista não age por maldade, mas por inabilidade de agir de maneira que respeite a si e ao outro ao mesmo tempo. Mas antes que essa afirmação ative em você a capa esvoaçante do super-herói ou da super-heroína, você não pode salvar ninguém de si mesmo, não pode ensinar como se relacionar. Acreditar que podemos transformar quem convive conosco é uma ilusão que maltrata e fere todos os envolvidos.

A motivação por trás da ação

A vergonha, a culpa, o medo e o senso de obrigação são motivadores comuns em nossa sociedade. Aprendemos que precisamos dessa dor para sermos melhores, para agirmos de maneira adequada. Não fomos ensinados a construir uma vida melhor e mais maravilhosa, mas a fazer o que deve ser feito, ou sofrer as vergonhosas e dolorosas consequências dos nossos atos. Desde os primeiros meses de vida, somos treinados a valorizar o que o outro vai pensar em detrimento do que sentimos ou queremos. "Olha a moça olhando você chorar!", "Que coisa feia um menino tão bonito agir assim!" Não há qualquer menção ao nosso mundo interior. Precisamos focar no que o outro pensa sobre nós para sermos aceitos. A chantagem emocional amplifica essas mensagens, elevando o seu volume a um nível ensurdecedor, por isso é tão difícil enxergar saídas quando estamos vivendo uma situação assim.

Susan Forward utiliza a sigla FOG para nomear o clima criado pelo chantagista e que impede o chantageado de ter clareza na situação. *Fog* significa *neblina* em inglês, e, nos estudos de Susan Forward, se torna o acrônimo de *Fear* (medo), *Obligation* (obrigação) e *Guilt* (culpa). O chantagista cria uma neblina densa e espessa que dificulta a visão. Com a culpa, o medo e o senso de obrigação gritando tão alto, apenas queremos que a dor seja aliviada, que o barulho diminua, que alcance um grau que sejamos capazes de suportar. Queremos respirar novamente, porque o ar denso e pesado parece nos sufocar em vez de nutrir a vida. Nesse lugar primitivo, ansioso e angustiado, topamos qualquer negócio para sentir alívio, mesmo que isso nos custe paz e bem-estar. O desejo por um alívio imediato nos coloca nos lugares mais irracionais de nós mesmos. Queremos apenas que pare, que a dor pare.

Todos temos medos, inúmeros deles. Medo de sermos abandonados, medo de ficar sozinhos, medo de perder quem amamos. Medo da exposição das nossas falhas, medo de não ser aceito, medo de ser mal-interpretado. Medo da raiva do outro. Medo de perder a vida. Alguns medos são tão primitivos que não fazem o menor sentido se os olharmos de perto, mas temos medo de olhá-los de perto, e por isso ele segue nos dominando.

Pedro entrou em contato comigo porque estava com dificuldades de conversar com a esposa e queria demonstrar um limite de maneira não violenta. Ele iniciou a conversa contando que Joana, a esposa, costumava insistir muito quando queria algo e que esse comportamento fazia com que cedesse, mesmo quando não queria. Ele acabava fazendo o que ela queria e lhe enviando a conta depois, com mau humor, ressentimento e respostas ríspidas. A dinâmica estabelecida acabava por ferir os dois. Perguntei por que ele não dizia "não".

— Tenho medo de que ela fique chateada.
— E o que acontece se ela ficar chateada?
— Vai ficar reclamando e enchendo meu saco.
— E o que acontece se ela ficar reclamando e enchendo seu saco? Quanto tempo essa situação dura?
— Sei lá... uma hora ela para.
— E por que você tem medo de que ela fique chateada?
— Não sei.
— Tenta descrever o seu maior medo de quando ela fica chateada. O que você acha que ela vai fazer? Descreve a situação. Você tem medo de que ela vá embora se você disser que não vai sair para jantar ou viajar com a família dela?
— Acho que tenho... Mas é meio irracional, porque ela não vai embora por causa disso. Só que eu fico tão agoniado que prefiro fazer o que ela quer.

Pedro não estava em um relacionamento com chantagem emocional. Joana costumava reclamar após um *não* e logo parava, não ameaçava lhe tirar absolutamente nada, não entrava nos ciclos do sofredor ou do chantagista autopunitivo. Mas Pedro era filho de uma mãe chantagista, que havia lhe tirado a autonomia e o poder de escolha durante toda a infância, adolescência e parte da vida adulta. Estava acostumado com a dinâmica de se relacionar com o feminino dizendo *"sim"* apenas para encerrar o assunto, enquanto guardava rancor e ressentimento, culpando o outro pelas dores que vivenciava. Ele repetia o comportamento que havia estabelecido com a mãe, sem sequer dar a si mesmo ou à esposa a oportunidade de construírem juntos uma nova dinâmica na relação. Quando decidiu que começaria a demonstrar os próprios limites, Pedro pôde olhar para o medo de perto e enxergar o quanto esse medo era irracional e primitivo. Quando não conseguia dizer "não", era o Pedro criança com medo do abandono da mãe, não o Pedro adulto conversando com a esposa. Se relações em que a chantagem emocional não está presente despertam nossos medos de forma tão profunda, imagine situações em que o medo é conscientemente usado para nos apavorar!

Olhar para o próprio medo de frente pode nos fazer enxergar que ele é bem menor do que acreditávamos. E que, por mais assustador que possa parecer, observá-lo com cuidado e atenção nos dará a oportunidade preciosa de desenvolver ferramentas para lidar com ele. Quanto mais fugimos do medo, maior ele fica, menos definidos são os seus contornos, maior o seu domínio sobre nossas atitudes. Parafraseando Carl Jung, o que negamos nos subordina, o que aceitamos nos transforma.

E como estamos falando de subordinação, precisamos olhar de perto o senso de obrigação que tanto nos oprime e nos invisibiliza nas relações, e que costuma nos enredar em relações de chantagem emocional. Filho, marido, esposa, funcionário, chefe, amigo são rótulos sociais que interferem diretamente na forma com que lidamos conosco e com o outro. Nossas expectativas mudam quando colocamos essas palavras na equação, porque cada uma delas carrega em si um grande peso. O que é uma boa esposa? E um bom marido? O que é um bom filho ou filha? E o bom amigo? Quantas e quantas vezes atendemos ao que o outro quer porque acreditamos que esse é nosso papel na relação, sem pensar no que está vivo em nós ou no outro? Uma das perguntas mais bonitas que aprendi com a comunicação não violenta é: *onde está a vida nessa conversa?* A vida é o que não cabe nas caixinhas de certo ou errado, bom ou ruim. A vida é o que pulsa, que sente, que deseja, que anseia, que quer conexão porque precisa do fluir natural do dar e receber como algo que dá mais sentido para a existência. E essa vida se esconde nas nossas trocas, quando começamos a falar em termos de obrigações, do que temos que fazer e do que o outro tem que fazer.

A obrigação nos faz perder o prazer de fazer algo pelo outro. Perdemos a alegria e a disposição porque estamos fazendo o que *tem que* ser feito. E cobramos do outro que faça o que também *tem que* ser feito para que o nosso *tem que* valha a pena. "Faço tudo por você, sou uma excelente esposa, você tem que me apoiar também!", "Eu sou uma mãe excelente e você não me valoriza, como pode me dizer 'não' depois de tudo que fiz por você?", "Agindo assim você nem parece a funcionária exemplar que é!", "Filhos precisam honrar pai e mãe!", "Amigos não deixam outros amigos na mão, você tem que me ajudar!" Os exemplos são inúmeros e caberiam em um livro inteiro. São várias as situações em que nos perdemos nas obrigações diárias nas relações e esquecemos o que queremos e por que fazemos o que fazemos, nos momentos em que nos desconectamos de nós e do outro. Onde está a vida nessas conversas?

Outra forma de usar o senso de obrigação na chantagem emocional é a gratidão. Em nossa sociedade, aprendemos a sermos gratos por muito pouco e entendemos que a gratidão nos vincula eternamente a quem nos ajudou quando precisávamos. "Estive ao seu lado quando você precisou mudar de emprego, apoiei e fiz inúmeras ligações para que voltasse para o mercado de trabalho. Só estou pedindo que pague o curso que desejo fazer! Como você não percebe que é o mínimo que pode fazer por mim?" O mínimo que podemos fazer às vezes se torna algo enorme que sufoca, que rouba a autonomia e a disposição e que torna o dar e receber natural da vida algo pesaroso, uma troca vazia de interesses. Podemos sentir gratidão sem perder a autonomia sobre nós e as nossas escolhas. Faça porque *tem que* fazer, porque, se não agir exatamente como esperado, o título de boa mãe, bom filho, bom marido, bom funcionário, ou seja lá o que for, lhe será retirado. E sem isso você será o extremo oposto. Nenhum de nós quer ser o extremo oposto.

Não estou dizendo que você só fará o que quer, do jeito que quer, mas que é preciso se conectar à vida para que as relações fluam de uma maneira mais saudável. Os *tem que* podem ser substituídos por *eu escolho fazer isso porque que quero aquilo*". Escolho acordar de madrugada para cuidar do meu filho porque quero que ele cresça saudável e com um vínculo forte comigo. Escolho permanecer nesse emprego porque quero a segurança que ele me proporciona. Quando colocamos nesses termos, os *tem que* se encerram. E o que fica precisa ser olhado com atenção e ser remanejado. Cuidar do outro e contribuir para a sua felicidade alimentam nossa própria felicidade, mas, quando pagamos com o nosso bem-estar e alegria, o custo fica alto demais. O melhor é fazer escolhas que nos possibilitem assumir responsabilidades sem nos aprisionar a situações que nos fazem perder a conexão conosco e com o outro. Podemos cuidar dos nossos pais porque queremos vê-los bem, não porque somos obrigados e precisamos ser bons filhos. O fato de nos conectarmos com o que realmente sentimos e cuidar de nós enquanto cuidamos do outro e das relações faz a vida ser melhor. É uma missão difícil calibrar as responsabilidades e os cuidados do dia a dia com a tendência natural de fugir do que nos causa desconforto e dor. Não é possível viver sem dor, toda relação pede doação e entrega. Acontece que o preço para cuidarmos das nossas relações não pode ser descuidar de nós mesmos. É claro que, por vivermos em uma realidade de grande desigualdade social, para parte da população as escolhas, sobretudo as que envolvem trabalho, saúde e educação são mais limitadas e menos autônomas. Construir uma estrutura social mais igualitária permite que cada indivíduo consiga fazer escolhas reais e que tornam a vida melhor, em vez de ter como opções o *ruim* e o *menos pior*. O que deveria ser básico se torna privilégio.

O último item do FOG, a culpa, é utilizada de maneira tão desproporcional e violenta que nos faz perder a noção de quem somos e do que queremos. A perspectiva sobre quem somos muda, e nos enxergamos de maneira rasa e incompleta. Para além de errarmos, nos tornamos o erro. Às vezes nem chegamos a errar, mas o chantagista descreve as nossas supostas falhas de maneira tão intensa e convicta que duvidamos de quem somos e dos nossos valores. Conheci Milena há alguns anos e, na época, ela vivia um relacionamento abusivo com o então namorado. Ela era uma mulher bonita, inteligente e bem-humorada quando estávamos sozinhas, mas, perto dele, se tornava silenciosa e tensa. Certo dia recebi uma ligação dela, chorando muito, dizendo que tinha feito algo terrível e que, por causa dela, o namorado havia perdido o emprego. Quando busquei entender o que aconteceu, tomei um susto. Milena havia marcado de ir ao cinema com algumas amigas e comentou com o namorado naquela manhã. Horas depois ele teve uma reunião de trabalho e fora demitido do emprego. Encontrou com ela nervoso e irritado e disse que perdeu o emprego porque ela o tinha provocado logo pela manhã. De uma maneira distorcida e equivocada, o namorado a convenceu de que marcar de ir ao cinema com as amigas tinha causado a demissão dele! Eu fiquei chocada; como alguém poderia ter caído em uma história tão mal contada? Mas hoje entendo o poder da FOG e a desorientação que a chantagem emocional provoca.

Milena duvidou das próprias qualidades e capacidades e se perdeu na culpa por algo que sequer provocou. Estava disposta a agir como o namorado queria, como forma de reparar a dor que supostamente causara. Ele sabia disso e estava disposto a usar esse desejo dela de expurgar a própria culpa para conseguir o que bem quisesse. No caso de Milena, a culpa era nitidamente irreal e desmotivada, mesmo que ela não fosse capaz de enxergar isso sozinha. Mas e quando somos realmente responsáveis por algo que prejudicou o outro e as relações? Qual o limite entre repararmos os nossos erros e deixar que a outra pessoa nos puna e chantageie porque erramos? Será que nos sujeitarmos à vontade do outro é a melhor maneira de nos sentir bem com quem somos e com as nossas ações? E se, em vez da justificativa absurda dada pelo namorado, Milena tivesse perdido em um investimento todo o dinheiro que tinham juntado para o casamento? E se o tivesse traído? Que atitudes deveria tomar para reparar o erro? Quanto deveria fazer por ele para que a conta fosse paga? Em quantos relacionamentos os nossos erros se misturam à definição de quem somos e nos colocam em posição de desigualdade com o outro? Quantas vezes escutamos "você me deixou triste", "você me decepcionou" e buscamos fazer com que o outro se sinta feliz, animado, realizado, como se tivéssemos o poder de fazê-lo?

O medo, a obrigação e a culpa estão presentes na nossa vida e fazem parte da existência. Quando são utilizados para que façamos algo pelo outro, tornam-se componentes perigosos de uma neblina que turva a nossa visão, nos desorienta e desestabiliza. É impossível viver feliz e saudável quando se está perdido em meio a essa densa atmosfera. É insustentável manter-se em relações que distorcem a nossa visão de quem somos, maximizam as nossas dificuldades e defeitos e menosprezam a nossa complexidade. Quando essas vozes falarem alto, respire e lembre da pergunta: *Onde está a vida nessa conversa?*

Mudando o funcionamento da engrenagem

A chantagem é mantida porque funciona. Simples assim. A melhor forma de fazê-la parar é fazer com que pare de funcionar. Ok, essa parte não é tão simples assim. Na realidade, é bem complexa, por tudo que falamos até aqui. Mexe com a nossa história de vida, com as nossas angústias e medos. Faz passado e presente se misturarem e nos leva a lugares primitivos dentro de nós mesmos. Lidar com situações dolorosas nas nossas relações é um exercício intenso de autoconhecimento e autocuidado. Não é fácil e indolor. Realmente, a opção fácil, simples e gostosinha não veio no pacote quando falamos sobre resolver os desencontros nas relações. Acontece que permanecer nas relações em moldes que nos causam dor também não é. Enxergar as pequenas e grandes chantagens emocionais do dia a dia e buscar formas de lidar com elas é assumir a responsabilidade de transformar a vida em algo mais maravilhoso. As relações podem ser melhores se assumirmos a nossa parte nessa transformação. É importante dizer que a nossa parte jamais será cem por cento. Jamais. Uma relação precisa ser cuidada por todos os envolvidos nela. Acreditar que você pode amar por dois, cuidar por dois e escutar por dois é uma das maiores mentiras que aprendemos sobre relacionamentos.

Este é um livro que fala sobre conversas corajosas e que usa a não violência como base do conteúdo. Desejo que você não confunda, em momento algum, a postura não violenta com passividade, com a ideia romântica/opressora de um amor que pode, sozinho, sarar todas as feridas e cuidar de todos os problemas de uma relação. Não acredito em ser não violento com o outro enquanto nos violentamos. Um dos princípios da comunicação não violenta é enxergar o humano por trás da fala e do grito, nos conectarmos à humanidade do outro, aos seus sentimentos e necessidades, e criar, pelo diálogo, uma ponte que nos une. Mas para fazermos isso sem nos perder da nossa própria humanidade, precisamos estar fortalecidos e conectados com nós mesmos, ou corremos o risco de nos misturar ao outro a ponto de não saber mais quem somos e o que queremos. Sim, escutar e nos conectarmos ao outro é lindo, mas, por vezes, é inviável, sobretudo quando há desigualdade nas relações. Por vezes, a atitude menos violenta que podemos tomar é cuidarmos de nós sem levar todos os comportamentos do outro para o lado pessoal. É sairmos do jogo de mocinhos e vilões e enxergar que o outro tem os próprios motivos para agir como age e que não temos, naquele momento, condições emocionais de ofertar a escuta e o cuidado de que precisa sem que nos esvaziemos das nossas forças e anulemos as nossas necessidades.

As dicas que darei agora têm como base mudar a dinâmica de chantagem emocional presente nas relações, sem demonizar nenhuma das pessoas envolvidas, e entender que, em determinadas situações, as nossas energias estão focadas em colocar bordas que cuidam do que vive em nós. Por muito tempo acreditei que, por estudar a não violência e adotá-la como farol da minha vida, eu precisava ser empática e compassiva com o outro até o ponto em que ele precisasse. Acreditei verdadeiramente nisso e, por algum tempo, anulei algumas das minhas necessidades porque precisava ofertar escuta para que a fala fosse bem recebida. Mas, como dito até aqui, cada um de nós tem sua história e, muitas vezes, por mais cuidado e atenção que tenhamos com a nossa fala, ela será recebida de forma julgadora pelo outro. Se apenas eu escuto e cuido da relação, ela deixa de estar conectada com o dar e receber natural da vida. Dediquei um capítulo exclusivo à escuta neste livro, mas não se esqueça de que, em algumas situações, o máximo que você conseguirá ofertar à relação é o cuidado com os seus limites. Vamos às dicas.

- *Você é bom(boa) o suficiente.* Uma das principais características da chantagem emocional é a dúvida que impõe sobre as nossas qualidades e capacidades, sobre o lado que ocupamos no jogo entre mocinhos e vilões. Se não atendermos ao que nos é exigido, seremos pais ruins, filhos ruins, esposas e maridos ruins, amigos ruins, funcionários inadequados. Loucos, descontrolados, fracos, irresponsáveis. A mensagem é sempre a mesma, ou você faz o que eu quero, ou você é *o* problema. É importante lembrar que somos maiores que um *sim* ou *não* que daremos ao outro. Continuamos merecendo amor, carinho e respeito sendo quem somos. Podemos ter contribuído com a manutenção da chantagem emocional quando atendemos a exigência feita pelo chantagista, mas jamais seremos a causa da chantagem. A responsabilidade pelo que se faz e fala é de quem faz e fala, jamais do outro. Esse fortalecimento das próprias convicções e valores, do que é nossa responsabilidade e do que é responsabilidade do outro melhora as relações e nos melhora nas relações.

- *Não é sobre você*. A chantagem é uma estratégia aprendida antes da relação em que ela acontece – em regra, na infância. É uma forma de lidar com o medo de não conseguir o que quer e é disparada por angústias muito primitivas. Cada um dos exemplos de chantagem que citei ou que você tenha em mente neste momento é vivenciado por duas pessoas com histórias de vida únicas e especiais. Não é sobre o que você faz ou não, mas sobre como cada um aprendeu a lidar com os próprios medos e angústias. Por mais que você conheça a história de vida do outro, lembre-se de que não é capaz de salvá-lo dos seus traumas e crises. Você não causou esses traumas e não tem o poder de fazê-los desaparecer. Você não é superior ou inferior a quem chantageia — lembre-se de que, provavelmente, você também faz chantagem nessa ou em outras relações. É saudável e libertador entender que não é sobre nós a forma como o outro lida com as dores e alegrias que vivencia.

- *Encare seu medo*. Nomeie seu medo. Olhe para ele. Qual será o pior cenário possível se você disser "não" e demonstrar o seu limite? O que pode acontecer se você buscar cuidar da sua autonomia na relação? Olhe para o medo com curiosidade e investigue os seus motivos. Por vezes temos medo das consequências do *não* e do rompimento que pode vir a acontecer se cuidarmos do que precisamos e, por isso, pagamos pela manutenção da relação com o rompimento do que é importante para nós. Nós nos ferimos para não machucar a relação, o que é ilusório, porque, feridos, não estamos inteiros, e acabamos por ferir também. Nenhuma relação pode ser saudável se machuca quem está nela. Um *nós* saudável pede um *eu* e *você* saudáveis também. Importante: uma relação em que existe a possibilidade de agressão não é uma relação que deve ser mantida, não há conversa que deva ser estabelecida. Não alimente a ilusão de que pode mudar isso; um limite essencial foi ultrapassado, simplesmente saia.

- *Você suporta lidar com a dor.* Quase todas as pessoas que cedem ao que o outro pede – sem conversar sobre o que sentem e precisam – dizem não colocar o limite porque não suportariam a reação do outro. Essa ideia de que não suportaremos as consequências dos nossos limites nos aprisiona em situações adoecedoras. Você suporta. Suporta o olhar triste e magoado da sua mãe, bem como escutar a frase "você vai me fazer adoecer". Você suporta o silêncio do seu marido ou esposa. Você suporta a reação do seu chefe. Você suporta, nenhuma dessas dores vai causar a sua morte ou a morte do outro. Demonstrar limites, sobretudo nas primeiras vezes, é extremamente desconfortável. E você suporta lidar com esse desconforto, porque não há mudança sem incômodo. A expectativa de que as mudanças ocorrerão de forma leve e indolor, com muita facilidade, nos paralisa. Não será natural, será o oposto disso, e essa dificuldade não fala das suas qualidades ou defeitos, dos seus talentos ou incapacidades. O que torna um comportamento fluido e natural é a prática, a repetição. Não espere que seja fácil, não será. A maioria das nossas reações foi aprendida na infância, o que quer dizer que vivemos esses medos profundos no começo da nossa vida e sobrevivemos a eles. Se quando criança, com menos condições físicas, emocionais e psicológicas, você suportou, por que não haveria de suportar agora? Você dá conta, em prol da relação que deseja construir consigo e com o outro.
- *Não dê respostas imediatas.* Uma das principais características das chantagens emocionais é a urgência. Quem chantageia tem pressa de se livrar dos próprios medos e ansiedades. Tudo é para ontem. Acontece que, na maior parte das vezes, as respostas podem ser dadas após ponderação e reflexão. Por vezes respondemos imediatamente porque também queremos nos livrar da pressão, das palavras, da ansiedade e do medo que gritam em situações que nos assustam. Lembre-se de que você suporta. E peça um tempo. "Essa é uma questão importante e eu preciso pensar", "Dou uma resposta assim que analisar melhor as coisas", "Preciso de um tempo para refletir". Essas respostas dão espaço para que você pondere, escute os seus sentimentos e necessidades e se

conecte com o cuidado consigo e com as relações. Provavelmente o chantagista vai pressionar. Vai dizer que não pode esperar, que é urgente. Respire. Você suporta lidar com os seus medos. Ele/ela suporta lidar com os dele/dela.

- *Reflita*. O que o pedido feito desperta em você? Atendê-lo fere algo que é importante? Pense, reflita, observe. Analise a situação com calma, sem tentar se convencer de que não custa nada atendê-lo. Escute o que está vivo em você, o que sente, precisa, conforme expliquei no capítulo anterior. Nessa ponderação, esqueça os rótulos: chantagista, mãe, pai, marido, chefe. Escute os seus sentimentos e se responsabilize pelas suas ações e escolhas. Escute seu corpo. Por vezes racionalizamos excessivamente os assuntos enquanto a resposta está clara em cada milímetro do nosso corpo. Enquanto diz: "Não custa nada!", como estão seus ombros? E a sua barriga? A sua garganta? As suas costas? O que fica tenso e o que relaxa? O que dói? Ninguém está escutando os seus pensamentos, as suas reflexões, não reprima o que realmente sente, não se perca nos julgamentos sobre si e sobre o outro. Converse consigo mesmo e não se desvie do que está vivo nessa conversa.

- *Planeje o que e quando vai conversar*. Temos a tendência a esperar que as situações mudem sem a nossa interferência. Sofremos, nos machucamos e esperamos que, na próxima vez, as coisas sejam diferentes. Que a família perceba a pressão desnecessária que faz e pare. Que a chefe enxergue que você trabalha melhor quando tem seu tempo e ritmo respeitados. Que o marido ou esposa finalmente entenda que você tem limites e os respeite, mesmo que você nunca os comunique ou sustente. Não vai rolar. Em regra, as pessoas estão presas aos seus próprios dramas e dificilmente vão enxergar o que você deseja, sem que isso seja devidamente comunicado. Não espere que a próxima vez seja diferente, mas exercite agir diferente da próxima vez. Se você seguiu os passos anteriores, já sabe o que deseja e já decidiu sua resposta. Agora é o momento de pensar em quando vai comunicá-la e em como vai fazê-lo. O momento e o lugar são muito importantes. Escolha um ambiente com uma carga emocional menor e que desperte menos tensão em você. Talvez o jantar em família não seja o melhor momento para comunicar a mudança para os seus pais. Talvez o final de um dia tenso de trabalho não seja o momento adequado para conversar com seu marido ou esposa sobre os problemas do casamento. Existem momentos que facilitam e que dificultam a conversa, existem lugares que nos deixam tensos e lugares que nos deixam mais confiantes. Escolha o melhor lugar para você.

- *Depois de escolher o lugar, planeje o que vai falar.* Nesse passo, pense em todas as respostas possíveis que virão da pessoa. O que ela normalmente fala nesses momentos? Que frases costuma dizer? Se possível, anote. Escreva as frases e pense em respostas possíveis para cada frase. Respostas em que você não se defende e não ataca. Sempre que se defende ou ataca você abre espaço para a infinita contra-argumentação do outro. Em situações em que está emocionalmente frágil e sem condições de escutar empaticamente, foque em demonstrar o seu limite de maneira respeitosa. Em *Chantagem emocional*, Susan Forward sugere algumas respostas para a demonstração de limites diante das situações de chantagem. "Essa é uma decisão sua", "Eu realmente espero que não faça isso... e essa é uma escolha que apenas você pode fazer", "Podemos conversar novamente quando estiver mais calmo, o que você acha?", "Quando você me insulta, tenho dificuldade de escutar o que realmente deseja", "Percebo que essa é a forma que está enxergando a situação", "Entendo que esteja chateada, e a minha decisão está tomada", "Nenhum de nós é vilão ou herói, apenas queremos coisas diferentes".
- *Escolher uma resposta emocionalmente saudável evita que sejamos reativos e façamos o que os nossos padrões geralmente ditam.* Amplia as possibilidades. Falarei sobre escuta ativa nos próximos capítulos.
- *Ensaie as respostas emocionalmente saudáveis.* Repita várias vezes, andando pela casa, dirigindo, tomando banho. A cada repetição, elas parecerão menos estranhas e mais aplicáveis, mais possíveis. E ajuste as suas expectativas. Talvez a pessoa aja de maneira mais acolhedora, pondere os próprios comportamentos e escute o que está vivo em você. E talvez não. Talvez ela escute apenas os próprios medos e angústias,

que imagine os piores cenários e que isso impeça a conexão. Talvez abrir mão do que acredita e deseja requeira uma desconstrução acima do que o outro pode ofertar. E talvez, mesmo escutando o que vive em cada um, vocês percebam que os caminhos que desejam trilhar são diferentes entre si. O final novelesco pode não acontecer. E tudo bem. Não dá para evitar a demonstração de limites por medo de destruir a relação quando o preço a ser pago é a destruição de quem somos, aos pouquinhos. Nenhuma relação será tão duradoura quanto a sua consigo mesmo. Dessa você não poderá fugir. Que tal começar a cuidar dela de maneira mais afetiva — e efetiva?

Eliminando a opção da chantagem

Estudar sobre a chantagem emocional me causou uma explosão de ideias que eu precisava compartilhar e, por isso, gravei uma sequência de vídeos nas minhas redes sociais. Para minha surpresa, grande parte dos comentários dizia: "Elisama, me ajuda, descobri que sou muito chantagista. E agora?" O reconhecimento das próprias chantagens diárias foi um choque para grande parte das pessoas que me acompanhavam. Talvez, neste ponto da leitura, você esteja percebendo que utiliza a chantagem em muitas das suas relações e que ela é, de certa forma, o seu padrão. Como agir diante dessa descoberta? O que fazer com uma forma de lidar com os sentimentos que já está tão enraizada em sua história?

As dicas a seguir buscam estimular o entendimento das ações que disparam a chantagem bem como construir novos caminhos e formas de agir:

- *Reconheça que é um padrão aprendido e que não define quem você é.* A chantagem emocional não nos torna bons ou maus, vilões ou mocinhos. Não fala sobre o nosso caráter. É uma estratégia que aprendemos, em regra, ainda crianças, para conseguirmos atender às nossas necessidades. É a base da educação tradicional, fundamentada em punição e recompensa. A maioria de nós foi ensinada a agir de maneira adequada por medo da punição, por medo da vergonha ou da culpa que sentiríamos se desapontássemos nossos pais. A desconexão conosco e com o outro é uma consequência direta da educação que recebemos. Para além disso, foi, também, a forma com que vimos os adultos agirem entre si, com os amigos, funcionários, chefes, pais e irmãos. Quem utiliza a chantagem cresceu em um ambiente em que ela acontecia de forma intensa e comum, por isso, eliminar a opção da chantagem exigirá atenção, esforço e dedicação, como toda mudança importante que adotamos em nossa vida.

- *Existem outras estratégias, você possui opções.* No capítulo anterior, expliquei a diferença entre necessidade e estratégia e que, na maior parte dos nossos conflitos, estamos apegados a estratégias sem ter real noção das nossas necessidades. Quando fazemos chantagem emocional, acreditamos que a única forma de conseguirmos o que queremos é exigindo, ameaçando, gritando, nos fazendo de vítima, oferecendo recompensas. Quando atendo pais e mães, escuto: "Elisama, eu só ameaço quando a conversa não funciona!", "Eu já tentei de tudo e ele não me atende, daí eu grito!" Não enxergarmos outras saídas não significa que elas não existam. Quando sentir vontade de ameaçar, gritar ou se colocar como a grande vítima das situações, respire e se pergunte: "Que estratégias não estou enxergando nessa situação?"
- *Nomeie a sua necessidade.* Para encontrar estratégias é essencial que você nomeie o que está vivo dentro de você. Como dito anteriormente, o que vive em nós está algumas camadas abaixo dos nossos julgamentos e pensamentos. Perceba do que precisa. Acolha. Após nomear o que sente, as possibilidades de estratégias surgirão. Importante: necessidades não são apenas as necessidades físicas. Crescemos tendo foco nas necessidades físicas e desconsiderando as emocionais. Apoio, acolhimento, descanso, lazer, comunhão e tantos outros são necessidades emocionais importantes que sequer nomeamos e reconhecemos sua urgência em nossa vida. A necessidade é um caminho amplo e nos tira dos becos estreitos das estratégias que aprendemos como únicas possibilidades.

- *Ninguém é obrigado a nada, peça de maneira não violenta.* Conversas baseadas em obrigações nos distanciam de nós e do outro. Reconheça aquilo de que precisa e peça de maneira não violenta, seguindo as quatro perguntas que apresentei anteriormente. "O que está acontecendo?", "O que estou sentindo?", "O que eu quero/preciso/desejo/necessito/espero?", "O que o outro pode fazer para me ajudar a suprir essa necessidade?"
- Em vez de: "Você é minha esposa, tem que ir comigo ao jantar!" Tente: "Eu assumi o compromisso de ir ao jantar hoje e estou me sentindo inseguro, pois os donos da empresa estarão lá. Preciso de apoio e companhia e gostaria muito que você pudesse ir comigo. Sei que está cansada e não quero que seja algo pesado para você. O que você acha de ir comigo? Você acha possível? Existe algo que eu possa fazer que facilite as coisas? Assim abandonamos o *tem que*, o *preciso que você faça!* e falamos em termos de sentimentos e necessidades.
- *Aceite que o outro tem o direito de dizer "não".* Escutar "não" costuma ser difícil e, para a maioria de nós, é demonstração de rejeição. Dói. Frustra. E nós precisamos aprender a lidar com essa frustração e com essa dor. Acolher as nossas angústias sem despejar no outro a responsabilidade de nos fazer felizes. Você pode ligar para alguém para desabafar e pedir escuta. Pode escrever todos os palavrões que vierem à sua mente em um papel. Pode tremer de ódio. E deve assumir que tudo isso é seu e que você cuida desses sentimentos. Você suporta lidar com a sua dor. Ela não vai te engolir ou matar. Se não tem conseguido suportar, procure ajuda. Só não temos o direito de impor dor ao outro porque não conseguimos lidar com a nossa própria dor. Você possui o direito de cuidar do que importa para si. O outro, também.

Perceber as dificuldades na comunicação e as falhas na dinâmica da relação nos dá a maravilhosa oportunidade de ajustarmos o passo e transformar o encontro em algo seguro, acolhedor, amoroso e fortalecedor. São incríveis começos, mesmo que o relacionamento chegue ao fim, visto que relações com chantagens emocionais não fazem bem a ninguém.

Resumo do capítulo

- A educação tradicional é baseada em chantagem emocional e, por isso, a chantagem segue tão presente em nossas relações.
- A chantagem surge da ausência de conhecimento de outras formas de agir. Ela aparece quando o medo fala mais alto que o desejo de cuidado e amor. Não é um jogo entre vilões e mocinhos e, em regra, quem é alvo de chantagem em uma relação também é chantagista na mesma ou em outras relações.
- Nomear a chantagem como tal nos traz mais clareza sobre como agir e fortalece a certeza de que precisamos respeitar e defender os nossos limites, porque o outro, perdido em seus próprios medos e angústias, não o fará. Não é uma forma de rotular alguém, mas de identificar a situação. A chantagem emocional é o caminho que muitos de nós aprenderam a trilhar para atingir os próprios objetivos, e identificar quando estamos dançando entre os dois polos nos traz a liberdade de romper os ciclos.
- Os chantagistas castigadores são os que utilizam a punição como principal método para conseguirem o que querem e se dividem em ativos e silenciosos. Os chantagistas autopunitivos ampliam a culpa e o senso de obrigação a níveis quase enlouquecedores. Eles nos fazem acreditar que só existem dois caminhos: fazermos o que querem ou empurrá-los em um penhasco de intensa dor e sofrimento. Eles nos ameaçam com a própria saúde e bem-estar. Em casos extremos, nos ameaçam com a própria vida.
- Os chantagistas sofredores despertam nosso salvador interior. Tocam em nossa vontade de reduzir o sofrimento do outro e na obrigação infantil de fazer mamãe e papai felizes. Enquanto os autopunitivos afirmam que vão começar a sofrer se não atendermos os seus quereres, os sofredores colocam em nós a responsabilidade pela única saída da dor em que já estão inseridos. Nós nos tornamos a sua tábua de salvação. Somente nós podemos salvá-los.
- Os chantagistas tantalizadores são mais sutis, porque não prometem nos castigar ou não nos fazem duvidar de nós mesmos, mas em lugar disso oferecem uma recompensa, um presente, uma felicidade, um pote de ouro no final do arco-íris.

- Susan Forward utiliza a sigla FOG para nomear o clima criado pelo chantagista e que impede o chantageado de ter clareza na situação. *Fog* significa *neblina* em inglês, e nos estudos de Susan se torna o acrônimo de *Fear* (medo), *Obligation* (obrigação) e *Guilt* (culpa). O chantagista cria uma neblina densa e espessa que dificulta a visão. Com a culpa, o medo e o senso de obrigação gritando tão alto, apenas queremos aliviar a dor, que o barulho diminua, que alcance um grau que sejamos capazes de suportar.
- O trauma não fica preso ao momento em que aconteceu, mas permeia outras ocasiões e, quando vivemos situações semelhantes às que causaram o trauma, experimentamos emoções e sensações físicas que o revivem, como se estivesse acontecendo novamente. A criança assustada que fomos preenche o adulto e governa as suas atitudes. Manda, grita, ameaça e se faz de vítima como o chantagista, ou atende, obedece e implora à mamãe que o tire do castigo, como o chantageado. Apertamos o *replay* de cenas que vivemos, oscilando entre os papéis de oprimido e opressor.
- Nem sempre temos espaço emocional para a escuta do outro e, em determinadas situações, a atitude menos violenta que podemos tomar é cuidar das bordas que nos protegem nas relações, sem aprisionar o outro no papel de algoz de nós mesmos.
- As principais dicas para lidar com a chantagem são: lembrarmos que somos bons o suficiente, que a situação de chantagem não é sobre o alvo, mas sobre o chantagista; encararmos e nomearmos os nossos medos e fortalecer a convicção de que suportamos as consequências das nossas escolhas; é também importante não darmos respostas imediatas, para que possamos refletir sobre o que sentimos em relação ao pedido e planejar a forma como comunicaremos os nossos limites.
- Para eliminarmos a opção da chantagem, precisamos reconhecer que ela não nos faz vilões e que existem outras estratégias para atender as nossas necessidades. É importante nomear as próprias necessidades e pedir de maneira não violenta, visto que o outro não é obrigado a nada. Precisamos aprender, também, que todo pedido pode ter um *não* como resposta e é nossa responsabilidade lidar com o que esse *não* desperta.

CAPÍTULO 4

UM ENCONTRO DE NEUROSES
Quando enxergamos que relacionamentos pedem mais que amor

Há um tempo vivi a maior crise do meu casamento. Durante três longos anos a nossa relação parecia um mar revolto. Sempre que nos levantávamos após uma onda, outra maior vinha antes de recuperar o fôlego. De repente nos perdemos um do outro e de nós mesmos. Lembro de uma vez, durante um dos milhares de tentativas de conversas que tivemos nesse período, em que nos perguntamos por que não estava dando certo, já que nos amávamos muito. Tínhamos uma relação bacana, cheia de companheirismo e afinidades, por que aquela crise parecia infinita e impossível de lidar? Por que o que sentíamos um pelo outro não bastava? As nossas afinidades estavam soterradas em choros de criança, contas a pagar e mágoas. Sem conseguirmos dialogar, cada um tinha sua própria lista de *a culpa é sua*, com itens os mais diversos. O amor deixou de ser cuidado, olhado, nutrido; foi perdido na pilha de problemas que surgia em uma velocidade maior que a de que dávamos conta. Queríamos passar muitos e muitos anos juntos, mas não da forma como estávamos vivendo. Até que assumimos que já não sabíamos como cuidar do amor que ainda queria viver, mas que estava machucado demais para se levantar. Iniciamos uma terapia de casal, cuidamos mais de nós em nossas terapias individuais. Temos aprendido, desde então, que é fácil se distrair do amor, se perder da intenção de fazer dar certo. Relacionamentos pedem mais que amor.

Cresci acreditando que o amor resolvia todos os problemas. Organizava em dois grandes grupos — que incluíam quase todas as pessoas que eu conhecia — os relacionamentos em que via os envolvidos infelizes: os que não se amavam mais e os que nunca se amaram. Quem não parecia feliz e satisfeito no casamento, no namoro ou em qualquer outro relacionamento, estava junto por motivos diversos daquele que deveria ser a razão para estar com alguém: o amor. No alto da minha ingenuidade — com sérias pitadas de arrogância —, eu classificava o que era amor e o que era dependência, interesse financeiro, carência e algumas outras coisas. Ora, quem se ama é feliz e faz feliz, certo? O amor é paciente, é bom, suporta tudo... Ainda acredito que damos nome de *amor* ao que não é amor, mas já não classifico as relações alheias. Já não acredito que basta amor para tudo dar certo, que o amor dá conta de sustentar a relação. Na realidade, é justamente o contrário. A forma como nos relacionamos, escutamos, trocamos e intencionamos as nossas falas e gestos sustenta o amor. E a maioria de nós não aprendeu a fazer isso de forma que cuide do amor.

Colocamos na conta do amor as loucuras impulsivas e as inércias passivas. Para a conta do amor vão os nossos sucessos e fracassos, as palavras desmedidas, o medo, o desespero, a carência. Na conta do amor colocamos os gestos impensados, as portas batidas, a insistência em ficar quando o melhor para todos seria ir. Na conta do amor colocamos todas as nossas dificuldades em nos relacionarmos. Acontece que a nossa forma de vivenciar e a de demonstrar o amor e o amor em si não são a mesma coisa. No capítulo em que falamos sobre os pedidos, expliquei que para cada um de nós as palavras possuem significados diferentes. Cada um de nós sente o carinho, o respeito e o tal do amor de formas diversas. Por mais que exista um sentimento semelhante que nos move, nós o experimentamos e vivenciamos da forma que sabemos fazer, de acordo com o que aprendemos que seria amar.

Certa vez Luiz, um amigo, me ligou falando que precisava desabafar. Poucos minutos depois, ele estava em minha casa, chorando, contando sobre uma discussão que teve com a namorada. Falara coisas terríveis para ela, como ninguém deveria falar ou escutar. Tinha medos profundos de perdê-la e, ao sentir a relação ameaçada, agiu de maneira desmedida e impensada. Éramos próximos, e eu sabia que ele estava apaixonado e que estava sendo sincero quando dizia que a amava. Mas Luiz tinha péssimas referências do que era amor. Crescera em um lar cheio de chantagem emocional e com excessivos castigos físicos. A mãe faleceu quando ainda era um menino e ele foi educado pelo pai, um homem sisudo e violento. A única referência de carinho que lhe restou foi a avó, que o visitava, mas que não podia assumir a responsabilidade pela sua criação. Luiz havia associado amor a abandono, a impermanência. As pessoas que mais lhe demonstraram amor, carinho e cuidado não ficavam em sua rotina. Inconsciente dos seus próprios processos, Luiz associava cada limite dado pela namorada como ausência de amor, como sinal de mais um abandono. Nesses momentos, o medo gritava alto e os machucados emocionais da infância sangravam em quem não o ferira. "Eu surtei porque a amo mais que tudo!", repetia, sem perceber que os gritos e descontroles nada tinham a ver com o que sentia, mas com a sua pouca habilidade em lidar com o que sentia.

O exemplo de Luiz é um entre milhares. Os medos que ele revivia diariamente o tornavam alguém difícil de se relacionar. Costurava machismo, insegurança, medo do abandono, imaturidade emocional e tantas outras coisas em uma única figura, uma espécie de monstro de retalhos, e dava a ela o nome de *amor*. Mas esse monstro desfigurado e assustador não sabia amar e ser amado. Na maior parte do tempo era infeliz e fazia o outro infeliz. Esperava ansioso por alguém que o salvasse de si mesmo, como o menino que fantasiava que a mãe voltaria dos mortos ou que a avó o levaria de casa para sempre, salvando-o do pai. Entretanto, ninguém viria salvá-lo, ninguém tem essa responsabilidade. Ninguém.

A maioria de nós guarda o desejo infantil de encontrar alguém que atenda às nossas necessidades, que acalme nosso coração, que nos salve das nossas angústias. Esse alguém, segundo os filmes, histórias e contos de fadas, é a outra metade da laranja, a nossa cara-metade. A pessoa que nos fará felizes, que dará um novo sentido aos nossos dias, que fará com que os problemas desapareçam. A pessoa que nos levará para aquele lugar onde as dores não nos visitarão mais, onde seremos estrelas do nosso próprio comercial de margarina. Pode ser que você esteja torcendo o nariz e pensando que estou falando um absurdo e que você não é essa pessoa ingênua e boba que espera uma coisa sem sentido assim. Acontece que, quando você se irrita ou se magoa porque o outro não se empenha para te fazer feliz, você está nesse lugar infantil. Quando se chateia porque não foi colocado ou colocada como prioridade na vida do outro, você está nesse lugar. Quando acredita que a relação já não vale a pena porque está demandando esforço e paciência e que deveria ser leve e fácil, você também está nesse lugar infantil. Essa ferida narcísica infantil está presente em todos nós e, quanto mais conscientes estamos dela, melhor cuidamos de nós e de quem se relaciona conosco.

Não estou defendendo a manutenção de relações que nos machucam diariamente, que nos anulam e nos sufocam. Acredito que toda relação que nos impede de existir, em toda a nossa inteireza, é uma relação com um custo alto demais para se estar. No entanto, essa afirmação não significa que viveremos em um mar de rosas. Que encontraremos aquela relação que é somente leve, fluida e feliz. Relacionamentos são muito mais complexos que isso. A crença nesse amor que cura tudo sozinho é uma das responsáveis por nos colocarmos como vítimas e algozes em relações infelizes.

Gosto de comparar as relações ao cuidado com as plantas. Por muito tempo me julguei uma *serial killer* de plantas. Matei muitas delas. Cheguei ao que considerei o auge, matar cactos e suculentas. Até que um dia, lamentando sobre minha sina com uma colega, ela perguntou o que eu fazia para cuidar das plantas. Quantas vezes eu adubava? Quantas vezes usei borra de café ou casca de ovo para enriquecer o solo? Eu escutava a planta para saber sua preferência de rega? As plantas de que eu cuidava eram de sol, sombra ou meia-sombra? Escutar tudo aquilo me deu um susto. Eu falava que já tinha feito de tudo para cuidar das plantas, mas, na realidade, eu sabia muito pouco sobre elas. O meu *tudo* se resumia a molhar na frequência que eu julgava adequada. E só. Aprendi com ela que preciso tocar na terra e sentir se a planta precisa de mais água ou não. Que a cor e a textura da folha que cai me conta sobre a saúde da planta. E aprendi que há fases em que, por mais que eu tenha todos os cuidados possíveis, ela vai perder algumas folhas e mudar de aparência. Poucas plantas florescem o ano inteiro. Assim como as plantas, as relações pedem intenção em manter o amor, em cuidar dele, em fazê-lo florir quando tiver de florir, em nutri-lo nas épocas em que as folhas caem e a aparência árida e seca faz pensar que morreu. Pedem atenção ao que mora no não dito. Pedem entrega, vontade de recomeçar depois dos tombos que não achamos que tomaríamos. É desistir de desistir, inúmeras vezes. Relacionamentos são mais complexos do que dizem por aí. Definitivamente, não dá para colocar na conta do amor a responsabilidade de sustentar uma relação. É quase injusto com ele. E conosco.

A síndrome do alecrim dourado

Quando fui realizar a minha primeira entrevista de emprego, pesquisei na internet as principais perguntas que os entrevistadores costumavam fazer e quais as respostas ideais. Os vários sites de consultoria davam basicamente as mesmas informações, tudo podia se resumir a *minta*. Não assuma nenhuma dificuldade humana. Fale que gosta de trabalho em equipe e que é muito bom nisso, mesmo que você prefira trabalhar sozinho. Ao responder sobre defeitos, utilize sempre os que podem ser vistos como qualidades em determinadas situações. É interessante perceber que muitas vezes nos relacionamos como se estivéssemos em uma entrevista de emprego. Somos bons, temos muito valor e precisamos mostrar isso. A associação entre ser bom e ter valor é forte demais, tão forte que nos impede de olhar para as nossas incoerências, as nossas emoções doloridas, os nossos comportamentos que fogem ao que deveria ser. Não queremos *perder o emprego* de marido, esposa, amigo, amiga, não queremos ser despedidos desse lugar de pessoas boas que ocupam com perfeição seus papéis sociais. Então, quando agimos de maneira contrária ao que consideramos certo e adequado, culpamos o outro. Ele é tóxico, ela é louca. Ele é nocivo, ela é maquiavélica. Ele é egoísta, ela é carente. Nós? Ah, nós não somos nada disso. Somos os alecrins dourados que nasceram no campo sem serem semeados. Somos os especiais, que diferem dos demais. O inferno são os outros, afinal.

Cada um de nós tem uma ideia distorcida e reducionista de si mesmo. Se eu pedir que você defina quem é, provavelmente vai usar expressões que engessam sua personalidade e que reduzem sua complexidade a um punhado de palavras. Mas somos maiores que isso. E, assim como somos amorosos, gentis, calorosos, encantadores, doces e simpáticos, também somos grosseiros, antipáticos, mesquinhos, insuportavelmente egoístas e vingativos. Somos luz e sombra. Enquanto estamos apegados à ideia de sermos apenas doces e bondosos, não nos atentamos aos nossos comportamentos que fogem à imagem que temos de nós mesmos. E aquilo de que não temos consciência em nós mesmos nos domina.

As relações despertam em nós mais que amor. Despertam os nossos medos, as nossas angústias, nos conectam aos nossos padrões. Um dia desses meu marido e eu estávamos repetindo uma mesma briga que volta e meia vem à tona. Chamo de *briga de estimação* e acredito que quase todo casal tem uma. Da toalha em cima da cama ao Natal com a família, temos aquelas discussões que parecem reprise umas das outras. Assim que acabamos a discussão e que, para variar, não chegamos a lugar algum, fui dormir pensando por que me irritava tanto com a fala dele. Por que a escuta parecia tão difícil? Por que rodávamos no mesmo assunto, sem sair do lugar? Observando meus pensamentos, percebi que eu não queria encontrar uma solução com ele, eu queria impor a minha. Estava magoada e queria um "sim, amor, você está certa!", com um olhar submisso e leves pitadas de sofrimento. Por trás da postura empática-toda-trabalhada-na-comunicação-não-violenta que eu insistia que tinha, o meu desejo era punir. Havia dor, havia mágoa. Muitas e muitas histórias eram tocadas pela nossa discussão e eu encobria os meus sentimentos em uma falsa camada de empatia e escuta. Notar isso foi maravilhoso! Aqui estava ela, a minha parte vingativa e rancorosa, tomando conta das minhas decisões. No dia seguinte comuniquei a ele a minha limitação: "Amor, esse assunto dói bastante e eu percebi que quero punir você, não te ouvir. No momento não tenho espaço interno para essa escuta e acho que vou precisar cuidar de algumas coisas em mim para poder conversar. O que você pensa sobre isso?"

Quando encaramos as nossas feiuras, podemos lidar com elas. Observá-las de perto. Paramos de jogar no outro a responsabilidade pelo que sentimos, paramos de culpá-lo por todas as nossas mazelas. No exemplo que dei sobre o meu marido, eu não parti para o extremo de me responsabilizar por toda a nossa discussão. Não usei a descoberta que fiz sobre mim para me massacrar e, de certa forma, me colocar no centro da situação. Eu apenas comuniquei que estava emocionalmente incapaz de fazer a minha parte na resolução daquele conflito. Assumi a minha vulnerabilidade. Assumi o meu rancor. Diversas vezes negamos as nossas reais intenções, porque achamos que são tão feias e indevidas, destoam tanto da imagem que criamos para nós, que simplesmente não podem fazer parte de quem somos. Repelimos, negamos e projetamos no outro o que não aceitamos em nós.

Já falamos das nossas necessidades e da forma que aprendemos a atender as nossas necessidades: as estratégias. Precisamos admitir que a maioria de nós tem péssimas estratégias para atender as próprias necessidades. Somos tão guiados pelos medos, pela angústia e pela raiva que mal sabemos do que realmente precisamos e sentimos. Sinto muito informar, mas você não é um alecrim dourado. Você é tão humano como todos os outros, foi educado em uma sociedade punitivista e violenta, e as estratégias que conhece e que provavelmente irá usar são permeadas pelas mais diversas violências. Serão mesquinhas, rancorosas, chantagistas, grosseiras, vingativas e tantos e tantos outros adjetivos – que não colocamos perto do nosso nome em uma frase, porque nos vemos como pessoas boas que não adotam esse tipo de atitude. Mas adotamos. E se negarmos esses nossos lados, colocaremos na conta do outro o que não encaramos e aquilo com o que não lidamos em nós.

Quando Flávia me procurou, estava em crise na relação com o marido. Ela me disse que precisava conversar com ele de maneira não violenta, mas não sabia como fazê-lo. Flávia era uma mulher de quase 40 anos, com um emprego financeiramente rentável e uma carreira que seria considerada pela maioria de nós muito bem-sucedida. Entretanto, as despesas da família estavam muito altas, e o marido era o maior responsável pelas onerosas faturas do cartão de crédito, com gastos que ela julgava absolutamente desnecessários. Almoços e jantares em restaurantes caros, roupas em lojas de grife e relógios. Perguntei como se sentia diante da situação, e ela me deu uma lista de rótulos para o marido. "Egoísta, irresponsável!" Informei que eu não desejava saber o que ela pensava dele, não naquele momento. Se ela desejava conversar honestamente com o marido sobre a situação, ela precisava ter um pouco mais de consciência sobre o que sentia e queria. "Eu sinto que ele não pensa no preço que pagamos para ter a vida que a gente tem!" Expliquei que ela ainda não havia me dito o que sentia, que *sinto que* era mais uma opinião sobre ele. Mas que, mesmo assim, a frase havia sido muito importante para entendermos o que sentia. "E qual o preço que vocês pagam para manter a vida que têm?" Flávia passou alguns minutos em silêncio. Para ela, o preço era alto, quase insuportável.

A empresa em que trabalhava sobrecarregava os funcionários com metas e expectativas irreais. A cobrança era muito grande e era comum ver os colegas precisando de remédios para dormir todas as noites. O marido também trabalhava exageradamente e, por mais que o rendimento que tinham fosse muito mais alto que o da maioria das pessoas que conhecia, ela acreditava que ambos eram infelizes. Pela primeira vez na vida, ela admitiu que queria viver uma vida diferente. Queria um trabalho mais tranquilo, queria poder curtir a companhia do marido, em vez de estarem sempre atrasados para o trabalho. Queria poder cozinhar, desligar o celular sem medo de acontecer um problema sério na empresa que exigisse a sua presença imediata às três da madrugada.

Flávia não conseguia assumir para si mesma que estava infeliz com o trabalho e o ritmo de vida que viviam, que trocaria o apartamento em um bairro nobre por um menor, em que pudesse dormir algumas horas a mais. Cada vez que o marido comprava um relógio, um novo terno ou cogitava trocar de carro, o seu sonho de uma vida mais tranquila se esvaía. E ela brigava com ele, achando que o consumismo do marido era o culpado pela irritabilidade, quando apenas ocupava mais um lugar na teia que a sufocava. Quando conseguiu enxergar o que a raiva escondia, pôde olhar para a própria necessidade e pôde cuidar dela. Pôde cuidar da frustração de ter chegado ao que considerava o topo da vida profissional e estar infeliz. Pôde olhar para a mulher que queria uma vida tranquila e que estava sufocada pela alta executiva sobrecarregada. A conversa que seria sobre parar de gastar tanto passou a ser sobre um planejamento de transição de carreira que lhe possibilitasse viver melhor. O marido dela não precisava de conserto, as necessidades e sonhos que ela possuía precisavam de cuidado.

Flávia não conseguia acolher os próprios sentimentos porque fugiam aos planos e imagens que havia criado por quase toda a vida. Diversas vezes tenho dificuldade em assumir os meus lados que não querem escutar ou ser empáticos, porque não combinam com a imagem da Elisama que vive a comunicação não violenta que tanto prego. Quais lados seus você tem deixado de ver — e provavelmente tem projetado no outro — por medo de encarar os próprios medos, frustrações e carências? Quantas vezes negar o seu desejo de vingança, o seu impulso egocêntrico, a sua carência excessiva e a vontade de que o outro viva para você te impedem de se enxergar com mais inteireza? Quando vamos entender que somos mais complexos que o que aprendemos sobre nós mesmos? Quando vamos sair do campo do julgamento de quem somos para o conhecimento de quem somos? Admitir as nossas feiuras, incongruências, ambivalências e inconstâncias faz da vida algo maior, mais profundo.

Ao admitir que você não é o alecrim dourado, que não é a exceção, você amplia a sua visão sobre si. Amplia a consciência com que podemos olhar para quem somos. Com interesse, com gentileza, com curiosidade. "Que interessante, nesse momento tenho um desejo intenso de vê-lo sofrer. O que esse desejo esconde/ protege?", "Puxa, ele não fez o que eu queria e por isso estou torcendo para que seja malsucedido nesse projeto. Acho que estou tão ressentida, e gostaria tanto de saber que a minha opinião importa para ele, que essa vontade surgiu", "Estou tão nervosa agora que meu único impulso é brigar e mandar todo mundo à merda. Vou me afastar para lidar com isso." Quão potentes as nossas relações conosco e com o outro se tornam quando assumimos nossos lados menos floridos e fofos? Quando saímos do campo do que deveria ser, de quem deveríamos ser, e olhamos com curiosidade e gentileza para quem somos e o que sentimos, poderosas transformações acontecem. Somos maiores que os nossos erros, dificuldades e tropeços. Não, não somos perfeitos seres de luz. Ainda bem!

Tchau, idealização!

Ninguém foi feito para você. Não existe uma única pessoa que se encaixe perfeitamente em suas idealizações. A pessoa que você sonhou encontrar nasceu, vive e vai morrer em seus sonhos. Ninguém é obrigado a caber na forma do amor verdadeiro que você criou. Eu sei que poderia falar tudo isso de maneira mais doce e suave, mas acho que já passamos da fase de dourar a pílula nesta nossa conversa. A ideia de que existe uma cara-metade que vaga por aí e que temos a missão de encontrá-la é bastante problemática. Primeiro, porque nos faz acreditar que somos seres incompletos, que nos falta algo que jamais vamos encontrar em nós, e que está, necessariamente, em outra pessoa. A falta, que faz parte da existência humana, ganha contornos de problema que pode ser resolvido por alguém. Um alguém especial, que faz com que nossos medos se diluam, que nossas angústias se dissipem. Alguém capaz de nos salvar das nossas dores e serenar nosso coração. Alguém capaz de completar as nossas frases, de atender os nossos desejos antes mesmo que os verbalizemos. Alguém que, em um quiz sobre nós, saberá todas as respostas, do nosso prato preferido ao maior sonho da vida. O verdadeiro amor.

Há alguns anos, os relacionamentos eram apenas um contrato de conveniências. As uniões eram determinadas pelos interesses das famílias, por vontades que fugiam à ideia de que podemos ser felizes para sempre com alguém que nos aceita completamente. "Juntar as nossas terras seria um excelente negócio, não? Vamos casar os nossos filhos!", "Não aguento mais viver violências na casa do meu pai, vou embora com você". As histórias são muitas, e normalmente não envolvem o sorriso encantador ou a doçura do parceiro ou parceira. As ideias do movimento romântico mudaram completamente as nossas expectativas sobre esse acordo. O que antes acontecia como um contrato de negócios passou a ser guiado por um elemento imprevisível e, cá para nós, bastante irresponsável: o coração.

Imagine a seguinte situação: uma grande amiga está casando e você pergunta por que ela está tomando essa decisão. Aqui, neste ponto da história, já podemos sentir certa estranheza. É estranho perguntar o motivo de uma união, é quase imoral. Estão casando porque se amam, ora bolas. Qualquer motivo que fuja a isso parece indevido. Mas seguimos, você está rebelde e fugindo aos padrões sociais, por isso fez a tal pergunta que não deve ser feita. A sua amiga surpreende na resposta. Fala que estão casando porque têm uma visão de mundo bem complementar. Que acreditam que será uma união vantajosa para ambos, pois possuem sonhos em comum e combinam em coisas práticas: pensam de forma parecida sobre a organização da casa, conseguem dividir as responsabilidades da rotina de maneira igualitária e respeitosa e têm visões muito semelhantes sobre ter filhos e como educá-los. Além disso, enxergam o papel da família de cada um na união e decidiram, juntos, até onde deixar que as opiniões das pessoas influenciem no casamento. Conversam abertamente sobre os defeitos de cada um e decidiram que terão liberdade de falar sobre as falhas um do outro, de maneira a se ajudarem a serem cada vez melhores. Ah, ambos estão comprometidos com os seus processos terapêuticos e desejam estar conscientes dos próprios processos para não descontarem suas questões no outro.

O que você pensa sobre essa amiga e seu relacionamento? Incomoda? Parece um acordo comercial frio e indiferente? Que resposta não causaria estranheza? Para grande parte de nós, a resposta que seria normal se reduz a uma frase: "estamos muito apaixonados" ou a versão menos intensa: "nós nos amamos". Talvez pudesse ser complementada por algo como: "amo o rosto dele quando acorda. E ele é tão gentil comigo! Amoroso, dedicado! Nossa, não consigo pensar em viver com outra pessoa! Isso sem falar no sexo avassalador! A gente se entende com o olhar! Temos uma sintonia muito incrível." Qual relacionamento parece mais verdadeiro? Qual desperta um tanto de inveja?

Se você está em uma relação há algum tempo, é provável que já tenha percebido que no dia a dia o rosto lindo pela manhã quase não é notado quando a última conversa antes de dormir foi uma briga por conta do boleto que ele esqueceu de pagar, mesmo após vários lembretes seus. No cotidiano, a gentileza e a amorosidade podem ficar soterradas em rancor e ressentimento porque você não quis receber a mãe dele para um jantar ou porque criticou o comportamento que ele adotou com a sua família (afinal, custava não discutir sobre o capitalismo com o seu pai cabeça-dura?). As maiores histórias românticas que conhecemos são recheadas de grandes desafios, são casais que venceram o mundo para ficarem juntos. Desigualdades de classe, racismo, famílias que se odeiam, grandes distâncias, graves tumores cerebrais. Acontece que, na vida real, os desafios são menores, mas o acúmulo deles se torna um monstro enorme, que mal conseguimos nomear. Veja bem, não é impossível que algumas questões sérias aconteçam em nossa vida. Somos muitíssimo influenciados pela sociedade, no entanto, a forma como os acontecimentos sociais reverberam em nós fala muito mais sobre como aprendemos a lidar com os desafios do que sobre o amor que sentimos um pelo outro.

Na vida real, as brigas diárias são porque ele acha que criança precisa de palmadas para aprender e você escolheu educar de maneira não violenta. Porque você não suporta mais ver a bola de cabelo que ela deixa perto do sabonete, ou a toalha fora do lugar, molhando o colchão. Vai cair a mão se fechar a maldita gaveta depois de pegar o que precisa? Por que ela não tira os restos de comida da louça antes de lavar? Vai entupir a pia, caramba! O desgaste nas relações é criado pelo que não conversamos, pelo que não falamos, pelos papos que não tivemos porque não eram românticos, porque discutir sobre eles pareceria duvidar do amor, da integridade e da sintonia um do outro. No fim das contas, é no campo das coisas práticas e de como lidamos com elas que mora o gatilho que dispara as nossas maiores dores e irritabilidades.

Veja bem, não estou propondo que passemos a nos relacionarmos pura e simplesmente porque combinamos nas questões práticas. Não estou pedindo que você aposente o encantamento, a paixão e o tesão como motivos para estar com alguém. Quero apenas convidar você a pensar com mais cuidado no que normalmente não pensamos. Que aprenda a conversar sobre as coisas práticas que vão além do amor romântico idealizado. Que perceba o que tem deixado de pontuar, de olhar e de cuidar porque espera que o amor resolva tudo. Talvez seja hora de assumir que as decisões – que antes eram pautadas em interesses muito claros e que hoje estão no campo de algo impalpável e inexplicável – precisam encontrar um caminho do meio para seguir.

Eu queria muito dizer para você que essa figura sábia e linda que pode decidir o que é melhor para nós existe. Que se fecharmos os olhos e deixarmos que ela nos guie, chegaremos aos melhores lugares possíveis. Que se escutarmos o coração, nos envolveremos com pessoas maravilhosas que nos tratarão com o respeito e o carinho que merecemos. Acontece que, no fim das contas, ela nos guia para o que conhecemos. Para o lugar comum, para o que se assemelha ao que seria o amor que aprendemos na infância. Sim, podemos ser atraídos pela generosidade, pela doçura, pela persistência, pela inteligência. Mas também nos atraímos pelas informações que temos armazenadas em nós sobre cada uma dessas características. E temos uma forte tendência a buscar as frustrações conhecidas. Quantas pessoas você conhece que têm relacionamentos muito parecidos, mas com pessoas diferentes? Quantas amigas e amigos você sabe que se envolvem sempre com o mesmo *tipo* de pessoa, mesmo sabendo que as chances de dar errado são bem grandes? Em quantos namoros você repetiu a mesma discussão, como se A, B ou C fossem a mesma pessoa? Sim, o seu coração, esse pacote de emoções e sonhos, vai procurar o amor. Mas vai procurar o amor que conhece, vai procurar alguém que se encaixe no que ele aprendeu como amor, lá, nos seus primeiros anos de vida. Não dá para acreditar na sabedoria dele para o sucesso das relações.

Não quero que você passe a desacreditar nos desígnios do coração, mas que perceba que as borboletas no estômago e o coração acelerado não serão capazes de garantir o *felizes para sempre*. Quando o encantamento delirante do início dos relacionamentos passa, ficamos com algo menos eufórico, entusiasmado e intenso. Ficamos com o dia a dia, com o arroz com feijão, com a decisão de quem vai pegar as crianças na escola ou ir à feira comprar as frutas da semana. E, nessas condições, nos frustramos com o ser real, imperfeito e nada arrebatador com quem nos relacionamos. Vemos os seus defeitos com lentes de aumento, e o que parecia uma qualidade começa a ser um defeito irritante. A força e a coragem dela, que tanto encantavam e animavam, agora sufocam e parecem uma impulsividade irresponsável. A paciência que ele tinha e que trazia calma agora ganha contornos de passividade e dependência. O cuidado que ele tinha com o que você gosta agora soa como carência e controle. O que aconteceu? Acabou o amor?

A minha avó dizia que, se queremos conhecer alguém, precisamos comer um quilo de sal juntos. Como o sal é colocado em poucas pitadas em cada preparo, é necessário algum tempo para que duas pessoas terminem o tal pacotinho. Fato é que, depois de alguns quilos de sal consumidos, as nossas idealizações dão lugar a novos lados de quem somos e que não conhecíamos.

E isso nada tem a ver com amor. Relacionamentos pedem ajustes constantes. Por mais perfeitos que sejam, pedirão, volta e meia, uma atualização dos acordos, dos projetos, dos olhares. Aliás, sejamos sinceros, considerando que relacionamentos são compostos por pessoas e, como tal, imperfeitas, não há possibilidade de perfeição em uma relação.

Com o tempo, a maturidade e a desconstrução do ideal romântico dos relacionamentos perfeitos, podemos começar a buscar relações com pessoas reais. Que não precisam nos fazer felizes, porque essa é uma responsabilidade nossa, mas que estão dispostas a auxiliar no que puderem. Que não precisam ler os nossos pensamentos e adivinhar os nossos quereres, mas que estejam dispostas a aprender a ouvir os nossos pedidos, sobretudo quando saem um tanto truncados. Que estejam dispostas a sentar e organizar a rotina, a fazer combinados sobre o que é responsabilidade de cada um. Que tenham consciência das próprias feiuras e que nos ajudem a, amorosamente, lidar com as nossas. Muito além da disposição do outro, que tenhamos consciência de que relações pedem muito da nossa própria disposição. Se queremos paciência, também precisaremos ser pacientes. Se queremos altruísmo, precisaremos exercitá-lo também. Quando tiramos a fantasia do amor que é leve e absolutamente fácil, que simplesmente flui naturalmente sem que seja necessária a conversa, o ajuste e as tais DRs, podemos encarar a nudez, encantadora em sua imperfeição, do amor que exige esforço e cuidado. Do amor que é planta que encanta e aconchega, mas que pede atenção, adubo e rega constante em troca. O amor que não pedia nada em troca (ou pelo menos não deveria pedir) ficou na infância, nos anos em que os nossos pais nos alimentavam, levantavam durante as madrugadas para acalentar os choros e cuidavam dos joelhos ralados. O amor adulto pede o nosso esforço e a nossa capacidade de troca. Pede e dá. Idealizar alguém que seja exatamente como precisamos é andar a passos largos em direção a intensas frustrações.

Relacionamento: um campo de guerra

Ana era a filha caçula em uma família com três filhos. Nasceu alguns anos depois do irmão imediatamente mais velho, quando os pais já não cogitavam a possibilidade de ter mais um filho. A infância foi solitária, visto que os irmãos eram bem mais velhos e não tinham tempo ou paciência para lhe fazer companhia. Os pais, sempre muito ocupados, não lhe davam a atenção da forma que desejava e, diante de toda ansiedade e angústia que a realidade lhe despertava, Ana desenvolveu muito medo do abandono. Pedia atenção constantemente e, quanto mais pedia, mais lhe era negado por quem a cercava. Tornou-se alguém que pedia provas de amor intermináveis. O buraco emocional que vinha desde a sua infância apenas crescia e solicitava mais e mais atenção. Casou-se com Murilo, um homem gentil, prestativo, mas também sério e solitário. A infância de Murilo foi, de certa forma, semelhante à de Ana. Também cresceu com dois irmãos, também não recebeu o carinho e atenção que desejava quando criança — quase nenhum de nós recebeu. Mas em vez de continuar buscando um vínculo que nutrisse o seu desejo de apego e atenção, Murilo desenvolveu um perfil esquivo diante dos próprios sentimentos. Quanto mais precisava, mais se fechava e menos demonstrava, visto que guardava em si a convicção de que não valia a pena querer e que a melhor forma de se defender do abandono era não precisar do objeto desejado. Ana e Murilo eram uma combinação bombástica.

Ana esperava que alguém suprisse os seus desejos e anseios, achava que as demonstrações constantes de atenção e cuidado eram essenciais para ser feliz. Murilo não se sentia confortável com o cuidado requerido por Ana, tampouco com o que ela lhe dedicava. Quanto mais se sentia vulnerável na relação, mais se distanciava e se fechava. À medida que ele se fechava, Ana sentia a ansiedade da infância tomá-la e, como a criança que fora, repetia as estratégias que conhecia para ter mais atenção. Ana ativava a autodefesa de Murilo, Murilo ativava a carência de Ana. Acontece que nenhum dos dois tinha a mais remota consciência da repetição dos seus processos infantis e colocava no outro a responsabilidade pelos seus próprios incômodos. Ana passou a rotular o marido como insensível, frio e distante, e Murilo passou a considerar a esposa excessivamente carente e exigente. O problema era sempre o outro, afinal.

Seria lindo se nos relacionássemos com bastante consciência do que sentimos e precisamos, do que vive em nós quando falamos o que falamos. Seria realmente incrível se conseguíssemos separar nossos parceiros e parceiras das nossas histórias infantis e das vivências que nos marcaram e traumatizaram na infância. Mas, na vida real, diversas vezes derramamos em quem convive conosco as mágoas e feridas causadas por pai e mãe, irmãos, professores e tantas outras figuras importantes da nossa história. Jogamos neles as nossas projeções, transferimos as nossas dores. Reagimos da maneira automática que aprendemos quando éramos crianças e que, na maior parte das vezes, foi ineficaz. A criança que fomos fez o melhor que podia ao criar proteções e caminhos para conseguir o que queria, mas, como criança, as suas possibilidades eram limitadas. Sim, ela fez o melhor. E o melhor dela foi insuficiente.

Talvez, se Murilo pudesse ver a vida de Ana como um filme, conseguisse reconhecer, nas exigências excessivas da esposa, a criança que ela foi, pedindo aos pais que lhe dessem atenção, pedindo aos irmãos que parassem de tratá-la como alguém que não era da família. Quem sabe observando a pequena Ana chorando sozinha no seu quarto, ele pudesse entender que toda a carência da companheira tinha raízes muito mais antigas que a presença dele em sua vida. Com esse olhar que enxerga com amplitude, ele poderia acalmar a criança que falava, volta e meia, pela boca da mulher de quase 40 anos. Talvez, se Ana pudesse ver o pequeno Murilo pedindo colo para a mãe e recebendo a resposta de que ela não tinha tempo para ficar escutando bobagem de criança, ela tivesse um pouco mais de paciência com os momentos em que o marido se fechava em seu mundo em vez de dividir as suas angústias. Contudo, os nossos parceiros não vêm com um manual ou livro de histórias de infância. Poucas vezes chegam em nossa vida com consciência dos reflexos da própria infância na forma com que agem, amam, falam, escutam. E cada gesto, cada desentendimento, cada "não" dito se tornam algo absolutamente pessoal, uma prova de que não combinamos, que não damos certo, que o amor verdadeiro, a relação de paz e tranquilidade que tanto merecemos estão a nos esperar na próxima esquina, na próxima pessoa que encontraremos assim que essa, absolutamente imperfeita, sair do caminho.

Veja bem, não estou aqui afirmando que, por saber que os comportamentos de cada pessoa com que nos relacionamos têm raízes muito anteriores à nossa chegada em sua vida, que dentro de cada um de nós tem uma criança fazendo o seu melhor, devemos aceitar toda e qualquer atitude dos nossos parceiros com paciência, amor e brandura. Existem feridas emocionais que tornam a pessoa muito hábil em ferir quem se aproxima. Existem comportamentos inadmissíveis. Não utilize as minhas falas até aqui para ativar a capa esvoaçante da heroína ou do herói codependente. Você não é terapeuta de quem se relaciona com você. Respeite os seus limites. Um olhar empático ao comportamento do outro torna a relação mais madura e saudável, e pode, inclusive, tornar o fim menos pessoal e dilacerante. Não é uma desculpa para se permitir violentar em nome de salvar ninguém.

A maioria das mulheres escutou que o amor transforma tudo. Que aquele cara mulherengo, descomprometido com a vida e com o outro pode se tornar alguém doce, gentil, amável e companheiro se encontrar a pessoa certa. Aquela pessoa que fará com que ele enxergue a vida com outros olhos, que o faça virar alguém responsável e comprometido. Não vai acontecer. Por mais que você queira acreditar que seu amor tem superpoderes, que pode curar as feridas e dores do outro, ele não tem toda essa potência. Podemos ser parceiros de jornada de quem deseja aprender a cuidar de si e do outro, podemos ser companheiros e companheiras de quem se esforça para ser cada vez melhor, mas não temos o poder de carregar ninguém no colo e dar passos em seu lugar.

Fato é que cada um de nós tem as suas questões, marcas e cicatrizes das histórias que viveu. Cada um de nós tem os seus traumas de um passado que não passou de verdade. Cada um de nós é em parte uma criança imatura com medo de perder o amor de quem está perto. Por mais que busquemos relações maduras e emocionalmente inteligentes, conviveremos com o medo de perder o amor, a companhia e o cuidado do outro. Temos medo de perder as coisas boas que construímos e que temos em nossa vida. E, diante do medo de perder, fazemos coisas burras, irracionais e completamente distantes do que queremos conseguir. Queremos que a pessoa siga nos amando e agimos das maneiras menos amáveis que conhecemos: cobramos, reclamamos, criticamos, brigamos. Queremos ser escutados e tentamos conseguir essa escuta nos fechando em nossas questões e esperando que o outro adivinhe nossos pensamentos. No campo das relações, somos todos, sem exceções, um pouco loucos e ilógicos.

Estar em um relacionamento é algo difícil. A pessoa com quem dividimos a casa, as contas, os projetos para o futuro e a responsabilidade de educar os nossos filhos é alguém que chegou mais perto que o que deixamos qualquer outra pessoa chegar. Dividir a cama com um estranho é um exercício de confiança constante. Sim, estranho. Por mais que desejemos mapear a pessoa que conhecemos, que afirmemos para nós mesmos que sabemos quem é, como se sente e o que deseja, cada pessoa é única e tem um universo imenso que não conseguimos saber e acessar. Passaremos toda a vida conhecendo quem amamos. Se mal conhecemos a nós mesmos, imagine ao outro! Acontece que toda essa proximidade, toda essa vulnerabilidade que a relação pede, faz com que projetemos no outro capacidades e poderes que ele não tem. Lembramos da época em que éramos crianças e nossos pais resolviam todas as nossas questões. Magicamente colocavam a comida na mesa, resolviam os nossos problemas e faziam o mundo parecer menos assustador. Como nossos parceiros e parceiras não são capazes de fazer o mesmo? Como não fazem a angústia ir embora? Como não conseguem fazer a dor desaparecer? Como não providenciam a cura das nossas ansiedades e angústias? Se nos amam, por que não dão um beijo no dodói e ele simplesmente melhora?

Colocamos no ser imperfeito e emocionalmente caótico e atrapalhado com quem convivemos a expectativa de que nos faça felizes. Esquecemos que são humanos tão limitados quanto nós e esperamos que sejam capazes de aplacarem as nossas angústias sem que tenhamos que pronunciar qualquer palavra sobre nossos sentimentos. O amor romântico nos disse que palavras são desnecessárias quando existe amor, e nós acreditamos nessa ilusão absurda. Queremos que cuidem das nossas feridas, mas não temos qualquer disposição ou vontade de descrever como nos sentimos ou do que precisamos. Como ele não percebe que você teve um dia cheio e atarefado? Como consegue ser tão insensível a ponto de encher você de perguntas bobas sobre as coisas da casa quando você está com a cabeça cheia de ansiedades aguardando aquela resposta do trabalho? Como ela não percebeu que ir naquela reunião com os seus amigos era tão importante para você? Como ela teve a coragem de seguir sorrindo como se nada estivesse acontecendo, depois de falar daquele jeito absurdamente ofensivo? Como ele não aprendeu ainda que você não gosta desse tom de voz e que ele lembra a grosseria do seu pai?

Sem dizer qualquer palavra, esperamos que o outro perceba um por um os seus deslizes e ajuste o passo. Que aja da maneira que esperamos que aja, mesmo que essa maneira desconsidere completamente que ele existe como ser diferente de nós. Aliás, como pode ser diferente de nós, se nos disseram que combinaríamos em tudo? Que gostaríamos dos mesmos filmes, que falaríamos sobre os mesmos livros, que sairíamos com os nossos amigos em comum, aqueles de que ambos gostamos e com quem nos divertimos muito?

A expectativa que colocamos sobre os relacionamentos é irreal. Ninguém será exatamente o seu número, porque ninguém foi feito para você. As bobagens que ela diz, as idiotices que ele faz não são uma prova de que vocês não são um casal suficientemente bom, mas uma amostra da humanidade de ambos. Todas as pessoas do mundo têm um grande potencial de nos irritar e fazer com que tenhamos vontade de fugir. Cada pessoa que você conhece tem uma capacidade única e singular de fazer você perder a cabeça: de raiva, de tristeza, de rancor. Esse não é um superpoder do seu parceiro ou parceira.

Aquele cara lindo que você encontrou na fila do mercado e que fez você se perguntar se seria mais feliz longe do seu marido irritante tem um potencial gigantesco de ser impaciente, crítico e tão egocêntrico quanto o seu pai. Aquela moça com um sorriso incrível e uma conversa encantadora tem uma enorme chance de lembrar as cobranças excessivas da sua mãe ou a irresponsabilidade afetiva do seu irmão. A maior diferença entre eles e a pessoa com quem você dorme e acorda diariamente é que você ainda não comeu alguns quilos de sal com eles. Ainda não se aproximou o suficiente para enxergar os defeitos e imperfeições por trás dos efeitos especiais. Não existe a pessoa perfeita que não vai despertar dores antigas em você. Relacionamentos amorosos despertam nossos lados mais amáveis e os menos adoráveis. Despertam os nossos sorrisos e as nossas lágrimas. Não dá para ficar apenas com a parte boa. Ninguém vem com essa opção.

Nossos amores vão tocar em pontos sensíveis em nós com mais frequência do que gostaríamos. Relacionamentos são campos minados de egos feridos. São uma guerra de projeções e transferências. O melhor que podemos fazer por nós, pelo pobre ser que precisa lidar com as nossas minas muito bem escondidas e pela relação é prestar atenção no que vive em nós e comunicar com respeito e paciência. É começar a mapear os nossos machucados. Volta e meia, pequenos comentários viram uma ofensa indefensável porque tocam em nossas dores mais profundas. Lembro de uma vez que eu estava preparando o almoço, enquanto meu marido cuidava das crianças. A banana-da-terra era um dos acompanhamentos, e eu gosto dela em uma textura, e ele, em outra. Assim que percebi que a minha estava cozida no ponto que gosto, retirei da panela e coloquei no prato. Nesse exato momento, ele passou e comentou: "Eita, já está comendo? Não espera ninguém!" Senti uma fúria tão grande que mal me contive. Queria dizer que fui calma e não violenta, conseguindo lidar com a situação com equilíbrio e brandura. Mas estava muito longe disso. Soltei um palavrão. Respirei fundo, porque já aprendi que geralmente, quando a minha reação é intensa demais, estou transferindo para ele coisas que são da minha história. Eu cresci sendo rotulada como gulosa. Escutei inúmeras vezes que mamava com a boca em um peito e a mão agarrada ao outro, enquanto o leite escorria mostrando o meu exagero. Esse é um comportamento comum para muitos bebês, mas, para os meus pais, aquele era um sinal de que eu era uma criança gulosa. Sempre que ia pegar algo na panela, havia alguém para me dizer que eu não podia comer tudo, que, se não me regulassem, eu não teria limites. Eu me recordo da sensação de injustiça, da raiva e da indignação que sentia quando me rotulavam assim. Quando Isaac falou da banana-da-terra, pisou em uma das minas mais explosivas da minha história.

Respirei fundo e entendi o que estava acontecendo. "Amor, essa é uma das minhas maiores feridas de infância. Não gosto que comentem sobre o que como, quando ou como eu me alimento. Eu tenho uma relação com a comida cheia de questões emocionais. Não repete, tá? Eu tirei antes porque não gosto da banana muito cozida. E não ia comer sem vocês, estava só separando o meu." Assim que reconheci e nomeei o que sentia, que percebi que o comentário só doeu o que doeu porque tocava em algo dolorido em mim, pude sair da minha reatividade habitual e mostrar para ele como agir comigo diante de situações semelhantes. Sim, você precisa mostrar para as pessoas como agir com você, do que você gosta e do que não gosta, o que machuca e o que cuida, porque ninguém tem a obrigação de conhecer todas as nossas dores, todos os nossos roxinhos emocionais. O que idealizamos sobre o amor nos diz que quem amamos nos entende por completo, mas a realidade é bem diferente dessa ilusão. Ninguém tem a obrigação de entender nossos silêncios. Quanto mais detalhado o mapa que conseguimos traçar um do outro na relação, mais amáveis, responsáveis e conscientes serão as nossas interações.

Escutamos que encontraríamos uma relação cheia de felicidade e alegria. Que a pessoa certa nos amaria de uma forma nunca sentida antes. Que o amor verdadeiro é calmo e tranquilo e seguro. Acontece que convivências intensas são, muitas vezes, o cenário das nossas maiores guerras. Esquecemos por que nos aproximamos daquela pessoa, esquecemos que ela é confiável e amiga e que nos apoia sempre que possível, esquecemos que ela é acolhedora e companheira, e nos colocamos em trincheiras diferentes. Nós nos irritamos com cada fala, gesto e olhar, como se fossem ataques pessoais premeditados. Colocamos na conta de quem amamos os sentimentos que sequer conseguimos nomear em nós. Eles que são mesquinhos, egoístas, burros, inconsequentes, irresponsáveis e insensíveis. Eles que não nos respeitam e não nos enxergam. Acumulamos ressentimento e mágoa que vira munição para a próxima briga, para o próximo desentendimento. Repetimos as histórias da infância, nos encolhendo ou explodindo, e esperamos que nos entendam e mudem. E no meio dessa guerra, afirmamos que estamos vivendo essa tragédia porque não nos amam o suficiente. Relacionamentos são dolorosamente tristes às vezes. Com frequência nos fazem duvidar da nossa capacidade de lidar com os desafios da vida juntos. Quanto mais realistas formos diante desses desafios, melhor poderemos lidar com eles.

Neuróticos que se ajudam

Crescemos acreditando que quem ama aceita o outro em sua integralidade. Que o amor verdadeiro equivale a uma aceitação total e irrestrita de quem amamos. A partir dessa forma de enxergar a relação, aprendemos que qualquer crítica, qualquer comentário que diz que algo em nós não é o ideal é um sinal claro de rejeição e falta de amor. A maioria de nós, durante a infância, foi criticada de maneira impiedosa pelos pais. A educação tradicional nos enxerga como objetos falhos que precisam de consertos e ajustes constantes para que sejamos merecedores de amor, carinho e respeito. Quando crescemos, nos tornamos altamente críticos conosco e com o outro, mas também muito intolerantes em recebermos qualquer dica que aponte os nossos *pontos a desenvolver*. Em um relacionamento amoroso, essa é uma péssima combinação. Sabemos listar com detalhes e clareza cada ponto em que os nossos companheiros e companheiras precisam melhorar. Você sabe perfeitamente que ele precisa ser mais organizado com as coisas dele e da casa, que precisa prestar mais atenção às necessidades das crianças. Você também está cansada de ter de falar onde ficam os utensílios da cozinha. Ele por acaso é um visitante em casa? Talvez você já tenha tentado falar com ela que não gosta do quanto toma o seu espaço na pia do banheiro, mal cabe o seu desodorante, afinal, como ela não percebe isso? Você também acha que ela às vezes é invasiva com as brincadeiras que faz com os seus amigos, mas, todas as vezes que tenta falar, as brigas se instauram de uma maneira quase irreversível. Você tem certeza de que, se o outro corrigisse os erros que você enxerga com tanta clareza, o casamento seria perfeito, a relação seria ótima e duradoura. Ele ou ela é quem estraga tudo.

Acontece, querido ou querida alecrim dourado, que quem vive com você também é capaz de fazer uma lista bem grande de coisas absolutamente irritantes e enlouquecedoras que você faz. Um relacionamento é composto por duas pessoas, imperfeitas, atrapalhadas e com grande potencial de levar o outro à loucura. Fazemos coisas irracionais, imaturas e idiotas. Somos criativos em fazer merda. Todos nós. Quanto mais você se considera o lado perfeito e impecável da relação, maiores as chances de estar atropelando quem convive com você, sem ter a mais remota noção disso. E, acredite, todos temos visões limitadas de nós mesmos. Certa vez, em uma das nossas sessões de terapia de casal, eu me queixava da dificuldade que meu marido tinha de comunicar o que pensava. Lá estava eu, abrindo o meu coração, falando do quanto me esforço para ser empática e legal e que ele seguia sendo inacessível emocionalmente. Depois que falei, Isaac começou a falar e eu o interrompi, sem perceber. A nossa terapeuta, com o dom que tem de nos sacudir e chamar para a realidade, me perguntou se tinha visto o que fiz. Não, eu não tinha visto, sinal de que era uma prática comum em nossa relação e eu não fazia a mínima ideia. "Elisama, Isaac demonstra uma dificuldade de se comunicar com você, ele não tem a sua eloquência, e você atrapalha quando o interrompe. Ele estava se esforçando. É isso, Isaac?", "Sim... ela parece uma pugilista, me coloca no canto das cordas e quer que eu fale e nem me dá tempo de pensar." Eu quis me defender, mas seria em vão. Talvez, se não tivéssemos uma testemunha, se estivéssemos só nós dois, eu insistisse em dizer que eu estava interrompendo porque ele não falava. Somos ilógicos, irracionais e imaturos. Você e eu, não somente nossos companheiros.

Uma das coisas mais bonitas que aconteceu em minha relação foi poder assumir que sou imperfeita. Que posso ser enlouquecedora. E que nada disso diminui o meu valor. Quando não deixamos que esses pontos diminuam a noção do nosso valor próprio, levamos as nossas relações para outro nível de parceria. Em vez de nos alimentarmos da ilusão de que seremos perfeitos para o outro exatamente como somos, que nada em nós precisa melhorar e evoluir, partimos para outro tipo de promessa, mais realista e respeitosa conosco e com quem está conosco. Esquecemos o *somos perfeitos um para o outro* e iniciamos uma jornada de *nós nos gostamos e nos amamos, mesmo sabendo que somos irritantes, por vezes egoístas e birrentos. Temos inúmeros defeitos que surgirão de forma aparentemente aleatória em nossa relação. Nós nos comprometemos a exercitar a paciência conosco e com o outro, a tentar ser o adulto quando o outro estiver em seus momentos mais regredidos e infantis. Vamos aproveitar essa convivência tão próxima e intensa para aprendermos com os nossos erros e evoluirmos juntos. Entre nós será seguro pedir ajuda, errar e escutar o feedback do outro diante do nosso erro. Nós nos esforçaremos para lembrar que somos humanos e, como tal, fazemos merda. Prometemos reparar os inúmeros erros que cometeremos pelo caminho. E nos comprometemos, por último, a cuidar do nosso amor em vez de esperar que ele cuide de nós.* Não parece mais maduro e realista se posto assim?

Para tornarmos as nossas relações mais emocionalmente seguras e profundas, seguem algumas dicas:

- *Assuma que não é perfeito ou perfeita.* Somos todos neuróticos, já dizia Freud. Todos temos pontos sensíveis e explosivos, temos histórias tristes e difíceis na infância — mesmo que não sejamos capazes de dar para elas esses adjetivos. Erramos, nos atrapalhamos e pisamos na bola. Nada disso nos faz menos merecedores de amor, de carinho e de respeito. Assumirmos as nossas imperfeições, gargalharmos das nossas trapalhadas, levarmos menos a sério os nossos tropeços fazem a vida a dois mais leve. Não digo que você vai gargalhar enquanto o parceiro ou parceira descreve o seu nível de mágoa com o que fizemos, mas que abandonaremos o chicote com o qual desferimos golpes impiedosos em nós e no outro. Erraremos mais vezes do que gostaríamos, e tudo bem. Podemos ajustar o passo com mais amorosidade conosco e com quem amamos se pararmos de encarar todos os nossos tropeços como prova da nossa incompetência.
- *Entenda que seu parceiro ou parceira também não é perfeito ou perfeita.* Ninguém é perfeito. Assim como você, seu parceiro ou parceira vai se atrapalhar, errar, falar coisas que não deveria. Vai pisar na bola, vai fazer exatamente aquilo que você pediu que não fizesse. Vai ser irritante e despertar, de diferentes formas, os seus lados mais impiedosos. Vai rir na hora errada, vai se calar no momento em que tudo que você gostaria é que falasse. Vai falar coisas indevidas e inadequadas. Infelizmente, vai

usar informações importantes sobre você para magoar, em momentos de puro medo e desespero. Vai oscilar da pessoa mais bacana e docemente boba que você conhece a alguém insuportavelmente insensível. Vai ser humano, demasiado humano. A pessoa perfeita não existe, não está te esperando no próximo encontro ou em um aplicativo de relacionamentos. Se tiver alguém ao seu lado disposto a olhar para os lados mais duros de si mesmo e aprender com eles, você tem uma relação com grandes chances de manter equilibrados os momentos de tristeza e alegria. Uma das coisas mais belas que nossos parceiros podem nos oferecer é a vontade de evoluir e crescer — o que não significa que ele ou ela se tornará quem você deseja. A evolução não é se encaixar em sua forma, ok?

- *Seja gentil ao dar* feedback. E ao receber também. Um casal que se permite falar sobre os erros, tropeços e trapalhadas cometidos por cada um estabelece uma parceria potente. Conversem sobre o que sentem quando escutam uma crítica. Observe como você escuta e como fala, em que foca quando fala, na sua intenção. No capítulo 2 abordamos formas de falar, e no próximo capítulo trataremos sobre como escutar. Aplicar tudo isso às pessoas que mais amamos é muito difícil. A carga emocional, as nossas expectativas, as projeções e os pesos que colocamos nessas relações são diferentes de quaisquer outras. Seus amigos não costumam apontar os seus erros e insistir que você melhore esse ou aquele ponto por um motivo simples: eles se despedem de você em poucas horas. Seus amigos vão dar *tchau* para os seus pontos mais irritantes quando você for embora. Eles são mais bondosos com as suas características, porque elas não influenciam diretamente a vida deles. Não é com eles que você divide os boletos, a cama e a responsabilidade de educar seres humanos. Um relacionamento amoroso de longo prazo pede um grande investimento emocional, de tempo... de vida. Seja gentil com você e com quem está nesse grande jogo com você.

- *Não tente transformar o outro.* Você não terá o poder de mudar quem está com você a ponto de transformá-lo em outra pessoa. Talvez ele nunca seja tão doce e carinhoso quanto você espera. É provável que ela não se transforme em alguém paciente e ponderado como você gostaria. Esperar que o outro nos dê algo que ele não é capaz de dar é pedir para se frustrar. Ninguém será capaz de nos dar tudo. É cruel e irreal esperarmos que uma única pessoa supra todas as nossas necessidades. Não espere que a pessoa que ama mude para se encaixar no que você deseja. Há algum tempo um casal de amigos me trouxe um conceito que amo: nas relações, um traz a pera, o outro traz a maçã. Ninguém vai trazer as uvas, as maçãs, as peras e os kiwis que você deseja. Esse ser imperfeito com quem você se relaciona pode evoluir e melhorar em diversos pontos e permanecer absolutamente irritante em tantos outros. Com quais você consegue lidar? De qual das suas idealizações você vai abrir mão para que essa relação se mantenha?

Você, eu e nós

Conheci Leila há alguns anos, estávamos ambas viajando, eu a trabalho, ela a lazer. Enquanto conversávamos no aeroporto, dividimos um pouco das nossas histórias, e ela me contou que estava indo para a Europa com amigas. Imediatamente imaginei que ela era uma mulher solteira. Depois de alguns minutos de conversa, ela comentou que era casada. Eu imaginei que o casamento estava em crise, claro. O marido ligou, e a minha ideia de que ela estava fugindo por uns dias para adiar o divórcio foi para o ralo. Eles se trataram com doçura, carinho e certa cumplicidade, pareciam um casal que se relacionava com respeito. Fiquei curiosa. Eu era uma mulher com pouco tempo de casada, ainda muito mergulhada em várias ideias românticas e irreais sobre os relacionamentos. Como assim ela estava passando dez dias de férias longe do marido? Não me contive e perguntei por que não iam juntos. "Querida, nós viajamos separados uma vez ao ano. Essa é a receita de um casamento feliz." Eu sorri e pensei: "Não mesmo, não vou querer viajar sem meu marido." Depois de mais de uma década de união, acredito verdadeiramente na receita da felicidade da Leila. Um tempo de diversão e alegria separados nos melhora quando estamos juntos.

Claro que não existe a receita perfeita do casamento duradouro. Uma união não é um cálculo matemático, não é algo que podemos dizer exatamente o que acrescentar para ser um sucesso. Mas podemos, sem dúvida, afirmar que um *eu* e um *você* fortes e bem cuidados cria um *nós* melhor e mais potente. Não, um casamento não nos torna uma só pessoa com ninguém. Continuamos sendo dois seres complexos, com sonhos diferentes, com personalidades diferentes, com anseios diferentes. O *nós* é o ponto de encontro, o que nos une, o que estamos dispostos a compartilhar, dividir e criar juntos. É a interseção, a união, a figura criada pelos pontos que juntamos. Uma interseção que não pode ser grande demais a ponto de engolir as nossas individualidades, mas que também não pode ser apagada por elas.

Aprendemos a sonhar com alguém que vai nos completar. Uma pessoa que nos escutará e será amiga e parceira como nenhuma outra. Essa mesma pessoa nos fará sorrir e saberá o momento de acolher as nossas lágrimas e nos ofertar um colo gentil e amoroso. Esse ser amado será a nossa companhia nas nossas maiores alegrias e angústias, saberá cuidar das nossas dores e dos nossos anseios. Vai rir das piadas sem graça do seu tio e embarcar nas suas crises familiares como se elas fossem dele. Vai amar os seus amigos, vai gostar dos livros de que você gosta, vai com você para o show da sua banda favorita. A pessoa perfeita vai curtir visitar a exposição de carros antigos que você ama e, mesmo que não curta, vai fazer companhia, porque é isso o amor. Acontece que a realidade é bem diferente disso. Ela prefere uma sessão de tortura a passar as festas de fim de ano com a sua família, ele odeia os filmes a que você assiste. Ele tem uma grande dificuldade em acolher os seus sentimentos, ela inventa milhares de desculpas para não jantar com aquele casal que você adora. Vocês não combinam tão perfeitamente como acharam que combinavam.

Até aqui acredito que você já tenha entendido que ninguém vai combinar tão bem com você a ponto de adivinhar os seus pensamentos e ir feliz para a reunião com seus ex-colegas de faculdade. Que acreditar que alguém vai dizer "eu também" para tudo o que você planeja e sonha é uma ilusão romântica completamente distante da realidade. E agora eu quero concluir este capítulo lembrando a você que cuidar da sua individualidade é uma responsabilidade sua. Assim como você não encontrará alguém com o encaixe perfeito para você, você não precisa ser o encaixe perfeito de ninguém. Você não tem que dizer *"sim"* para não aborrecer o outro, não precisa engolir as suas necessidades e seus anseios para atender as expectativas do outro. Quero, principalmente, lembrar a você que ninguém ama por dois. Ou escuta por dois. Ou acolhe por dois. Não importa quantas músicas você tenha escutado que afirmem isso, quantos romances tenha lido, a quantas comédias românticas tenha assistido, se não há disposição para a construção de mais vulnerabilidade e cuidado de todos os envolvidos na relação, ela se torna inviável. Pesada demais. O *nós* não pode sufocar o *eu*.

Mulheres são sobrecarregadas em nossa sociedade com a responsabilidade de cuidar. São instruídas a serem compreensivas, observadoras, acolhedoras, amorosas e doces. São presenteadas com bonecas bebês e aprendem a suprir suas necessidades imaginárias. Brincam com a boneca e o boneco de casinha e são estimuladas a acreditar que encontrar um marido e ter filhos é o auge da sua vida. Esse fenômeno social faz com que meninas e meninos cresçam acreditando que possuem papéis determinados nos relacionamentos. Namoram e casam alimentando a ideia de que elas são naturalmente boas em cuidar do outro, compreender e escutar, e que eles são incapazes de lembrar da consulta médica para investigar aquela dor de cabeça que se repete infinitamente. Enquanto elas mergulham em leituras, pesquisas e vídeos sobre relacionamentos, muitos homens seguem sendo passivos na construção de conversas mais profundas, respeitosas e autênticas consigo e com o outro. Não sei qual o seu gênero ou se se identifica com algum, mas, dentro da forma com que fomos educados, todos temos os resquícios de uma cultura machista, patriarcal, que aprisiona mulheres e homens a características e padrões que não fazem sentido para si.

Descobrir quem somos nas nossas relações, para além das expectativas românticas e sociais, é um desafio que demanda tempo e dedicação. Defender o que importa para cada um de nós é uma missão importante e essencial. Sim, volta e meia iremos ceder em nome da felicidade do outro, mas que esta não seja a regra em nossa vida. Podemos dizer "não" e continuar sendo dignos de amor. Podemos escutar "não" e seguir amando. Você pode ter limitação na escuta e na disposição com o outro. E o inverso também acontece. Durante todo o capítulo falamos sobre as expectativas irreais e violentas que colocamos no outro, e eu não desejo que você resolva colocar em si a expectativa de sustentar, sozinho ou sozinha, uma relação. Infelizmente não será possível.

A maturidade nas relações está em entender e acolher as nossas limitações e as limitações do outro. Em aceitar que o desafio de manter uma união de dois mundos únicos e esquisitos é um esforço diário e que pode ser facilitado se formos mais benevolentes conosco e com quem está nessa aventura ao nosso lado. Talvez seja melhor encontrar um amigo para falar de carros, em vez de se ofender porque a parceira ou parceiro não quer escutar o diferencial do modelo anterior para o que será lançado em alguns meses. Talvez seja melhor pedir a companhia de outra pessoa para ir ao show daquela banda que você ama, em vez de ter a sua noite arruinada por alguém mal-humorado que preferia estar sentado no sofá vendo Netflix. Talvez seja melhor revezar os momentos de diversão individual, enquanto o outro cuida das crianças, em vez de ficarem os dois constantemente irritados e sufocados pela imensa responsabilidade de manter um ser humano vivo e saudável. Talvez seja melhor assumir as suas limitações e libertar o outro para buscar estratégias para atender as necessidades dele, em vez de se ofender e querer convencer o parceiro ou parceira do quanto é inadequado o querer dele ou dela. A aventura de compartilhar as nossas loucuras pode ser um desafio menor se abandonarmos a ideia de que somos capazes de completar o outro. Simplesmente não somos. E que alívio que seja assim.

Resumo do capítulo

- A forma como nos relacionamos, como escutamos, trocamos, intencionamos as nossas falas e os nossos gestos sustenta o amor. E a maioria de nós não aprendeu a fazer isso de forma que cuide dele.
- Assim como as plantas, as relações pedem intenção em manter o amor, em cuidar dele, em fazê-lo florir quando tiver de florir, em nutri-lo nas épocas em que as folhas caem e a aparência árida e seca faz pensar que morreu. Pedem atenção ao que mora no não dito. Pedem entrega, vontade de recomeçar depois dos tombos que não achamos que tomaríamos. É desistir de desistir, inúmeras vezes. Relacionamentos são mais complexos do que dizem por aí. Definitivamente, não dá para colocar na conta do amor a responsabilidade por sustentar uma relação. É quase injusto com ele. E conosco.
- Você não é um alecrim dourado. Você é tão humano(a) como todos os outros, foi educado ou educada em uma sociedade punitivista e violenta, e as estratégias que conhece e que provavelmente irá usar são permeadas pelas mais diversas violências. Serão mesquinhas, rancorosas, chantagistas, grosseiras, vingativas e tantos e tantos outros adjetivos – que não colocamos

perto do nosso nome em uma frase, porque nos vemos como pessoas boas que não adotam esse tipo de atitude. Mas adotamos. E se negarmos esses nossos lados, colocaremos na conta do outro o que não encaramos e aquilo com o que não lidamos em nós.

- Nosso coração nos guiará para o que conhecemos. Para o lugar comum, para o que se assemelha ao que seria o amor que aprendemos na infância. Sim, podemos ser atraídos pela generosidade, pela doçura, pela persistência, pela inteligência. Mas também nos atraímos pelas informações que temos armazenadas em nós sobre cada uma dessas características. E temos uma forte tendência a buscar as frustrações conhecidas.
- O amor que não pedia nada em troca (ou pelo menos não deveria pedir) ficou na infância, nos anos em que os nossos pais nos alimentavam, levantavam durante as madrugadas para acalentar os choros e cuidavam dos joelhos ralados. O amor adulto pede o nosso esforço e a nossa capacidade de troca. Pede e dá. Idealizar alguém que seja exatamente como precisamos é andar a passos largos em direção a intensas frustrações.
- As bobagens que ela diz, as idiotices que ele faz não são uma prova de que vocês não são um casal suficientemente bom, mas uma amostra da humanidade de ambos. Todas as pessoas do mundo têm um grande potencial de nos irritar e fazer com que tenhamos vontade de fugir. Cada pessoa que você conhece tem uma capacidade única e singular de fazer você perder a cabeça: de raiva, de tristeza, de rancor. Esse não é um superpoder do seu parceiro ou parceira.
- Relacionamentos amorosos despertam nossos lados mais amáveis e os menos adoráveis. Despertam os nossos sorrisos e as nossas lágrimas. Não dá para ficar apenas com a parte boa. Ninguém veio com essa opção.
- Entender que você não é perfeito, ser gentil ao dar e receber um *feedback* e abandonar a ideia de que podemos moldar o outro.

CAPÍTULO 5

O QUE A OUTRA PESSOA QUIS DIZER?
A segunda camada das nossas conversas. Ou como escutar para além das projeções

Eu estava navegando pela internet quando encontrei um diálogo que me emocionou. O ano era 2017 e o mundo inteiro estava polarizado. A divisão entre bons e maus, nós e eles parecia algo inquestionável. Talvez por isso o diálogo entre a comediante norte-americana Sarah Silverman e Jeremy Jamrozy, um usuário do Twitter, que por muitos seria chamado de *hater*, me marcou tanto. Sarah, após ser xingada por Jeremy em um *post*, conseguiu sair das vozes internas que julgavam o comportamento e a fala do outro e se conectar com ele. E é com esse exemplo quase extremo — e extremamente potente — que começo a nossa conversa sobre escuta.

@jeremy_jamrozy: P*ta

@SarahkSilverman: Acredito em você. Li sua *timeline* e vi o que está fazendo, e sua raiva está escondendo sua dor. Mas você sabe disso. Eu sei o que é isso. PS: Minhas costas também doem pra KCT. Veja o que acontece quando você escolhe o amor. Eu vejo isso em você.

@jeremy_jamrozy: Não posso escolher o amor. Um homem que parece o Kevin Spacey me tirou isso quando eu tinha 8 anos. Não consigo encontrar paz, se eu pudesse encontrar o homem que destruiu meu corpo e tirou minha inocência, eu o mataria. Ele acabou comigo e eu sou pobre, então é difícil conseguir ajuda.

@SarahkSilverman: Não consigo nem imaginar sua fúria. Apenas ler isso me fez querer fazer coisas ruins. Aguarde.

@SarahkSilverman: Perguntas (não estou julgando): Você usa heroína? Está se automedicando? Quer se desintoxicar?

@jeremy_jamrozy: Não, só fumei maconha. Uso corretamente medicamentos que me foram prescritos.

@SarahkSilverman: Ótimo. Eu quero matá-lo também, então não posso nem imaginar seu ódio. O que eu sei é que esse ódio — mesmo que você pudesse matá-lo — está castigando você mesmo. E você não merece castigo. Você merece apoio. Vá a um grupo de apoio. Você poderá encontrar seus melhores amigos lá.

@jeremy_jamrozy: Eu vou. Mas não confio em ninguém, fui traído por vezes demais. Eu dava a roupa do meu corpo e era traído toda vez. Sou superantissocial. Não tenho amigos. Me desculpe por xingar você.

@SarahkSilverman: Cara, eu não ligo. Estou bem. Vi algo em você. Meu instinto me diz que você poderia ter uma vida ótima. Meu terapeuta diz que não temos o que queremos, temos o que achamos que merecemos. Estou te dizendo, você merece muito mais do que pensa.

@jeremy_jamrozy: Risos. Como?? E o que você vê? Estou confuso sobre como você consegue ver que eu poderia estar melhor. Tenho vários problemas, um buraco fundo para escalar. E normalmente decido não me expressar, ou é difícil articular minhas emoções.

@SarahkSilverman: Ha-ha, honestamente, não sei. Você só escreveu "P*TA", mas eu vi e cliquei no seu perfil e vi que você estava tentando ser expulso do Twitter. Vi o ódio e a dor. Olhei sua foto e, simplesmente, vi tanta coisa em você. Acho que em seus olhos. Não sei...

@jeremy_jamrozy: Os olhos são as janelas da alma. Não quero ser como a minha família do gueto viciada em drogas. Vou tentar muito. Também devo alegar que sou deficiente, o que é uma merda. Eu gosto de trabalhar. Vou ficar mais otimista logo, sempre fui negativo. Por isso não tenho amigos. Sou um c*zão.

@SarahkSilverman: Estou empolgada porque vai. ME MANTENHA INFORMADA. Não desista de você. Tenha coragem suficiente para arriscar a se queimar. É o que acontece quando você luta por você mesmo. Mas vale a pena. Prometo.

@jeremy_jamrozy: Risos. Obrigado. Caramba, você é tão compreensiva. Você tem um diploma ou algo assim? Risos, sempre gostei do seu humor, mas que diferença, você ganhou um fã. Seu amor pela humanidade. É incrível.

@jeremy_jamrozy: Estou muito agradecido pela interação. E o apoio de todos e o apoio e a compreensão de Sarah Silverman. Que dia maravilhoso.

@SarahkSilverman: Ei, San Antonio! Algum ortopedista incrível especialista em costas e pescoço para ajudar meu amigo @jeremy_jamrozy? Ele tem várias hérnias de disco, não tem seguro de saúde e não pode trabalhar por causa da dor. Vamos ajudá-lo a se levantar! Quem topa?*

Lembre-se da sua última conversa. Aquela em que a outra pessoa falou algo que ofendeu, que irritou. Aquela em que você respondeu grosseiramente, ou que não o fez, mas teve uma vontade intensa de mandar o outro à merda. Aquela conversa em que a fala do outro doeu a ponto de trazer lágrimas aos seus olhos. Conseguiu lembrar? Imagino que não tenha sido muito difícil trazer esses momentos à mente. Não é raro ter conversas que machucam, que nos tiram do prumo, que despertam os nossos lados mais reativos e desagradáveis. Do atendente do telemarketing que se recusa a fazer o cancelamento da sua TV por assinatura à chefe que cobra exageradamente, esquecendo que você tem uma vida que vai além do trabalho, o comportamento do outro pode mexer

---

* A tradução foi extraída do site <www.awebic.com/sarah-silverman-resposta/>, em que é possível ver também os tuítes originais.

profundamente com as nossas emoções. E quando isso acontece, quando a fala do outro mexe com as nossas expectativas e ansiedades, esquecemos que algo também vive nele. Nós nos desconectamos da sua humanidade e da nossa. Viramos bichos feridos que se acanham, fingem de mortos ou atacam. Qual foi a última conversa em que você conseguiu enxergar para além das vozes contadoras de histórias em sua cabeça? Qual foi a última conversa em que percebeu que foi visto ou vista para além das projeções do outro?

Escutar é algo muito difícil de se fazer, sobretudo porque temos muita dificuldade de assumir os nossos lados mais vulneráveis. Aqueles lados que não sabem como agir, que não têm conselho a dar ou que se encontram em níveis de impotência tão altos que simplesmente não podem fazer nada. Os nossos lados com medo: medo de perder, medo de não compreender e não ser compreendido. Medo de deixar de pertencer. A escuta exige uma abertura maior do que a que costumamos ter para a vida. Não é fácil. Marshall Rosenberg afirma que, quando colocamos as orelhas de girafa — a girafa é o animal símbolo da comunicação não violenta, por ter o maior coração entre os animais que andam na Terra, além de, por conta do seu grande pescoço, conseguir ter perspectiva e enxergar as coisas com amplidão —, só conseguimos escutar *por favor* e *obrigada*. Que quando colocamos essas orelhas empáticas, traduzimos as mensagens do outro por trás das palavras que disse. Enxergamos o humano por trás da ofensa, do ataque, da crise de fúria.

Na conversa que Sarah estabeleceu com Jeremy, ela enxergou o humano por trás da palavra ofensiva. Enxergou a dor, o rancor, o ódio, o sofrimento. E conseguiu ver, principalmente, que esses sentimentos não tinham relação com ela. Cada fala ou gesto do outro fala mais sobre o seu mundo interior do que sobre você. Quão dispostos estamos a sair do nosso mundo para criarmos pontes para o mundo do outro? Quão dispostos estamos a traduzir as suas falas ofensivas em sentimentos e necessidades? Qual a nossa disposição para uma aventura que nos tira do controle da situação? Veja bem, eu não faço o que a Sarah fez, não em minhas redes sociais. Volta e meia surge alguém me chamando de louca, de irresponsável ou de palavras um tanto piores. Diversas vezes eu falo: "Não devemos bater em crianças, elas merecem respeito!", e as pessoas reagem como se eu tivesse dito: "Toquem fogo na escola mais próxima!" Na maior parte das vezes sinto raiva. Tenho vontade de xingar, de brigar, de falar: "Louca é você!" Ou de ser absolutamente irônica: "Pela educação e gentileza com a qual você está comentando em meu post, posso ver que as palmadas fizeram muito bem a você. Vamos educar mais uma geração de pessoas gentis e dispostas ao diálogo assim! Vai, Planetaaa!" Respiro fundo e me lembro de que, talvez, a infância daquela pessoa tenha sido tão cheia das mais diversas violências que a minha fala mexe em uma ferida profunda. Talvez seja mais fácil me xingar do que pensar: "Meus pais poderiam ter me educado de maneira diferente. Cada palmada doeu. Eu não mereci." Fato é que cada um tem o seu motivo para falar o que fala e como fala. E eu aprendi que, se não estou com a energia necessária para ouvir o que está vivo naquela pessoa, para me conectar à sua dor e à sua história, eu não respondo. Reconheci meu limite em vez de achar que as pessoas são loucas e ruins.

Acontece que a vida nem sempre nos dá essa oportunidade de escolher se vamos interagir ou não. Às vezes a fala ofensiva e desmedida vem do nosso companheiro ou companheira, dos nossos filhos e filhas, de chefes e colegas de trabalho. Às vezes precisamos ter conversas mais eficazes com a professora das crianças, com a vizinha que insiste em fazer barulho no horário em que o bebê dorme. Pensamos muito em como vamos falar e pedir, e esquecemos que uma parte importante e essencial na resolução dos nossos conflitos, dos menores aos maiores, é a escuta. Em 2018, a minha mãe foi diagnosticada com um câncer de mama. Foi uma das experiências mais intensas da minha vida. O diagnóstico de uma doença grave nos coloca frente a frente com a nossa vulnerabilidade e com a certeza de que precisamos uns dos outros para seguirmos vivos. De uma hora para outra, cada telefonema era importante, cada ida ao médico poderia mudar os rumos do dia seguinte, poderia determinar os nossos novos passos. Em situações assim, é difícil manter-se emocionalmente equilibrado e com espaço interno para escutar o que vem do outro. Só queremos que a dor pare, que a angústia passe, que a vida volte ao normal. Em uma das nossas idas à central do plano de saúde que cobria o tratamento, percebi a importância de nos mantermos conectados com o outro e o quanto essa conexão interfere nas nossas falas e atitudes.

Antes de contar o que aconteceu, considero importante apresentar algo sobre mim que talvez você não saiba: tenho uma forte tendência à agressividade. Entre fugir ou lutar, eu normalmente escolho a segunda opção. Tenho "C'alma" tatuado no braço direito, e você pode imaginar que uma pessoa naturalmente calma e ponderada não tatua "calma" no próprio corpo. Respirar fundo e escutar é o exercício mais constante e importante da minha vida. Se não me observo, se não penso e respiro fundo, vou automaticamente para o meu padrão de brigar, gritar, exigir e tentar despertar o medo nas pessoas. A não violência é uma língua que aprendi depois de adulta, a minha linguagem habitual é a do ataque. Eu me sinto como Sofia Vergara, famosa atriz mexicana que vive nos Estados Unidos há muito tempo, que contou em uma entrevista que, sempre que ficava muito nervosa, esquecia o inglês e falava em espanhol. Pois bem, lá estávamos, na central do plano de saúde, implorando para que a atendente marcasse um dos exames necessários para a realização da cirurgia. Ela se justificava falando que não podia fazer nada, que já havia requerido tudo que era possível. Eu briguei, reclamei... E respirei. A feição da moça era de impaciência e raiva. Eu queria algo muito importante, mas, como a atriz mexicana, eu estava gritando em espanhol, dificultando a minha comunicação. Mudei a minha fala. "Andréa, eu sinto muito pela forma com que falei até aqui. Estou com medo e assustada e acabei perdendo a mão. Sinto muito por não ter enxergado o seu esforço e cuidado com o seu trabalho. Imagino o quanto é estressante escutar reclamações sobre algo que você não tem o poder de decisão. Podemos recomeçar a nossa conversa?" Nesse instante a sobrancelha já não estava franzida. O rosto já não estava tão tenso. Ela me contou sobre algumas pessoas que tinha atendido antes e que tinha sido bastante difícil. E me falou dos casos que aparecem diariamente e que fogem da sua responsabilidade. Nós nos conectamos, enxergamos que cada uma, a seu modo, estava fazendo o melhor que podia, com os conhecimentos que tinha. Em dois dias recebi uma ligação dela. O exame estava liberado e marcado. Aprender a escutar faz a vida — a nossa e a do outro — ser muito melhor.

Quanto tempo você passa buscando as segundas intenções das pessoas em suas falas, em vez de realmente tentar compreender o que vive nelas? Quantas vezes acrescenta camadas e camadas ao que lhe é dito, todas recheadas dos seus julgamentos, medos e ansiedades, em vez de se permitir abrir mão dessas camadas para entender o que o outro pediu por trás do que falou? Quantas vezes a voz contadora de histórias que vive em sua cabeça cria roteiros de novela em vez de buscar escutar o outro na sua integralidade? Neste capítulo, vamos falar sobre a escuta que vai além do que projetamos no outro, e eu espero que você consiga escutar, de maneira profunda e inteira, o que vive fora da sua forma de ver a vida. Começaremos revendo a nossa forma de escutar quando há um pedido claro de empatia vindo do outro e, depois, vamos investigar como podemos escutar o *por favor* por trás do grito, das ofensas e de tantas outras formas trágicas de demonstração de humanidade.

Empatia, simpatia e compaixão

Imagine que você trabalha em uma empresa de que gosta muito e que deseja permanecer nesse emprego por muito tempo. Seus olhos brilham quando fala do trabalho, a remuneração que recebe é justa e proporciona uma vida confortável. Você acaba de investir na realização de um grande sonho: comprou a sua casa. Você chega no trabalho acreditando que será um dia como outro qualquer, mas descobre que a empresa provavelmente será vendida, e parte dos funcionários, demitida. O susto é tão grande que chega a causar vertigem. Ao longo do dia nada fica esclarecido e os seus planos para o futuro começam a parecer uma loucura indevida. Como você vai pagar a prestação da casa? Como vai manter as crianças na escola de que você tanto gosta? E esse trabalho, será que vai conseguir ter a sorte de encontrar algo tão legal? As coisas estão confusas em sua cabeça, tudo que você quer é ir para casa e tentar respirar. Assim que sai da empresa, você liga para um amigo para desabafar. Conta o que aconteceu, e ele responde: "Calma, vai dar tudo certo! Você ainda nem sabe se isso realmente vai acontecer, fica tranquilo(a)! Vamos falar de coisas boas? Sábado vou fazer uma reunião aqui em casa, vem com a família, vai ser bacana!"

A sua angústia não passou, não amenizou. Você tenta se convencer de que o raciocínio do seu amigo está correto, que realmente não tem com que se preocupar. O pensamento surge e você tenta afastá-lo, como se fosse um mosquito zumbindo em seu ouvido à noite. Mas ele não se afasta. As imagens da família mergulhada em uma tragédia sem fim não param de surgir. Sua mente, criativa e trágica, está a todo vapor listando todas as possibilidades terríveis para o futuro. Você pega as crianças na escola, cumprimenta os pais e mães que lá estão de maneira automática e segue para casa querendo apenas que o dia acabe. As crianças falam alto e você grita com elas. Com tanto barulho dentro da sua cabeça, o barulho que elas fazem se torna intolerável. Elas começam a chorar, e você acrescentou ao seu dia caótico boas doses de culpa. As crianças estavam felizes e você acabou com tudo, como sempre faz, diz a sua mente. Ao abrir a porta de casa você está a ponto de explodir. Fala palavras monossilábicas com o companheiro ou companheira e se esforça para não surtar com ninguém. Ele ou ela, com a melhor das intenções, pergunta se está tudo bem e você afirma que depois conversam. Com curiosidade e preocupação, ele ou ela pergunta novamente. "Não foi nada, ok? Que saco!", você responde de maneira grosseira sem sequer se dar conta. Tantos anos juntos e ele ou ela ainda não aprendeu que você precisa de silêncio quando não está bem? Não é óbvio que você está com a cabeça cheia?

O dia finalmente chega ao final, você está na cama esperando que a cabeça desacelere para conseguir dormir. "Não tem motivo para preocupação", repete para si. Você pediu desculpa para as crianças, mas isso não amenizou a sua culpa por tê-las tratado mal. Ao seu lado, o companheiro ou companheira está em um silêncio mortal, nitidamente magoado ou magoada com a sua grosseria de algumas horas antes. Dizem que coisas ruins sempre acontecem em bando, e você acaba de confirmar isso. Você respira fundo e conta o que aconteceu na empresa, divide que o futuro de todos agora é uma grande incógnita. Seu companheiro ou companheira se desespera. Fala de cada coisa que vão perder, chora exasperadamente e rouba toda a cena. Você agora precisa consolar o outro ou a outra. Alguns minutos depois ele ou ela se acalma e você encosta a cabeça no travesseiro sentindo cada veia latejar. A dor de cabeça é tão insuportável que você quase não consegue manter os olhos abertos. Toma um analgésico com a esperança de que o nó na garganta desça junto com o comprimido. Não acontece. Depois de algumas horas você consegue, enfim, dormir.

A escuta ofertada pelo amigo e pelo companheiro ou companheira nessa história é, infelizmente, muito comum. Estamos acostumados ao silenciamento das emoções — a nossa e a do outro. Fazemos quase sem sentir, sem perceber. Recebemos pouca empatia na infância e, por mais que sintamos um desejo real de cuidar do outro, temos poucas ferramentas para fazê-lo.

> O que as pessoas mais desejam é alguém que as escute de maneira calma e tranquila. Em silêncio. Sem dar conselhos. Sem que digam: "Se eu fosse você..." A gente ama não é a pessoa que fala bonito. É a pessoa que escuta bonito. A fala só é bonita quando ela nasce de uma longa e silenciosa escuta. É na escuta que o amor começa. E é na não escuta que ele termina.

Esse é um trecho do texto *Escutatória*, escrito por Rubem Alves, que traz uma linda visão sobre o que é a escuta e a sua importância, algo que precisamos aprender. Imagine que, em vez de ter menosprezado a sua dor, o seu amigo ou amiga, na situação apresentada, a tivesse acolhido. O que mudaria?

(*Você*) — Aconteceu algo no trabalho que me encheu de preocupação. A empresa está sendo negociada com um grupo estrangeiro; se acontecer realmente, quase todos os funcionários serão demitidos!

(*Amigo(a)*) — Caramba. Imagino que você esteja bastante apreensivo e surpreso com uma notícia dessas...

(*Você*) — Estou, demais! Com medo do que vai acontecer!

(*Amigo(a)*) — Dá muita angústia ver nossos planos para o futuro se tornarem uma incerteza assim. Você precisa de previsibilidade e segurança.

(*Você*) — Sim! Não sei o que vou fazer. A escola das crianças, a casa que a gente acabou de comprar! Como vou pagar as prestações? A minha renda é a maior da casa. Além disso, eu amo meu trabalho, faço bem feito, com prazer, sabe? Não me vejo fazendo outra coisa! Que garantias eu tenho de que vou encontrar um ambiente tão bom como o em que trabalho?

(*Amigo(a)*) — Você está vendo coisas muito importantes para você sendo influenciadas por toda essa incerteza, queria poder saber que tudo vai ficar bem.

(*Você*) — Pois é! Coisas importantes demais... Sei lá, eu até acho que a gente dá um jeito, mas a vida estava tão bacana, estava indo tudo tão bem! Agora está tudo saindo dos trilhos, e eu não faço ideia do que fazer...

(*Amigo(a)*) — E essa ansiedade angustia muito. Você queria que tudo permanecesse tão bem quanto está. A vida podia ser mais fácil, não é?

(*Você*) — Sim, podia. Como eu queria que fosse! Obrigado por me escutar, aliviou uma parte do aperto que sinto no peito. Estou chegando na escola das crianças, ligo para você depois.

(*Amigo(a)*) — Tô aqui sempre; liga se precisar!

Depois de uma conversa com alguém que soube escutar, a angústia parece um pouco menor. O barulho interno se acalmou. Você conseguiu dar nome aos seus medos e recebeu apoio em cada um deles. Alguém enxergou a sua dor e ajudou a olhar para ela. Você ainda está com medo e assustado, mas a conversa diminuiu aquele ritmo acelerado em que estavam o seu pensamento e coração. As crianças entram no carro e você consegue escutar as perguntas delas, mesmo respondendo de maneira menos entusiasmada que o normal. Ao chegar em casa, informa que precisa de um banho pois não está muito bem e precisa de um tempo. Conta para seu companheiro ou companheira que aconteceram alguns problemas na empresa e que vai conversar com ele ou ela quando as crianças dormirem. Quando estão a sós, você fala sobre a empresa, diz que também está com medo e com várias inseguranças e que agora não resta muito além de aguardar o desenrolar da história. Vocês se abraçam, se comprometem a passar por isso juntos. Você adormece com a angústia, o medo, a apreensão e também com a sensação de que tem suporte suficiente para lidar com o que está por vir.

Receber empatia não faz as nossas dores desaparecerem, mas nos dá suporte para lidarmos com elas. Abre espaço na mente e no coração. E nos impede de criarmos uma bola de neve que engole as nossas relações numa avalanche de frustração. Acontece que a escuta empática, essa que se abre de corpo e mente para conhecer o que vive no outro, não é uma prática comum em nossas relações. Nós nos perdemos em conselhos, frases de efeito e piedade e não fazemos o caminho de enxergar além das histórias que contamos em nossa mente. A empatia e a compaixão pedem de nós uma abertura para a vida, que poucos temos. Permitir que a dor do outro se mostre é, de certa forma, assustador. Quando explico para pais e mães que eles precisam escutar os seus filhos quando choram em vez de pedir que parem de chorar, a maioria me responde com uma pergunta: "E o que eu faço depois?" Acreditamos que precisamos tomar uma atitude no caminho da solução do problema ou de nada serve escutar, mas a escuta já é, por si só, uma poderosa atitude! Abrimos espaço em nós e permitimos que a pessoa tire de si um tanto de dor e abra espaço nela também. É esse o milagre da escuta: nos ajuda a organizar nosso mundo interior, nos auxilia a alargar as nossas visões e perspectivas. Mas por não sabermos o poder que tem apenas permitir que o outro fale, nós nos apressamos em silenciar sua dor, em fugir do nosso desconforto de não saber o que fazer. Enfrentamos os diversos empecilhos da empatia, colocamos obstáculos no caminho até o outro.

Sabemos ser simpáticos. Sorrir, quando a pessoa nos conta algo feliz da sua vida, fazer uma expressão de pesar, dar um suspiro e dizer que sentimos muito quando ela divide um problema sério. Agimos de acordo com a cartilha da boa educação e dos bons modos. Entenda, a simpatia não é algo ruim. É apenas insuficiente para que consigamos aprofundar as nossas relações. A simpatia é superficial, rasa. Ela é a moça sorridente que entra na sala dando "bom dia" a todos, perguntando como estão, sem sequer parar para escutar a resposta. Ela consegue criar um ambiente alegre e animado perto de si, mas não sabe o que ninguém pensa de verdade.

A simpatia deixa um vazio na pessoa que a recebe em um momento em que precisa de empatia. Ser recebido com um sorriso aberto e gentil faz você voltar naquela loja, mesmo sendo um pouco mais distante da sua casa. Aquele professor simpático e educado faz a aula ser menos entediante. Mas quando você perdeu o emprego, brigou com o amor, ou está aguardando ansiosamente o resultado daquele exame, um sorriso e as frases "vai ficar tudo bem, você vai ver!" servem para muito pouco. Não amenizam a dor, não nos fazem sentir que estamos acompanhados em nosso sofrer. A simpatia não nos vê.

Acredito que eu vejo você é uma frase mais bonita que *eu amo você*. Nós nos relacionamos com as pessoas e, diversas vezes, temos a sensação de que não nos enxergam, que não notam os nossos esforços e dificuldades diárias, que não notam a energia que reunimos para nos mantermos vivos e funcionais. A empatia é a disposição para ver o outro. Ela olha nos seus olhos e pergunta como você está, e está tão interessada na resposta que se dispõe a procurá-la com você, mesmo que faltem palavras. A empatia se interessa, se encanta, se emociona e se conecta, não porque é o certo a fazer, mas porque é o que o fluxo da vida pede. A empatia permite a pausa, o silêncio. Ela entende que escutar o que vive no outro é um privilégio. Que conhecer a intimidade de alguém é um presente rico, que pede deleite.

Quando a empatia está acompanhada da compaixão, então, temos uma combinação inigualável. Porque a compaixão, além de escutar e se aventurar em seu mundo interior, ajuda a aliviar o seu sofrimento. Ela não quer protagonismo, não quer salvar você. Ela oferece mais mãos para que você consiga construir a solução. Ela é uma presença que, além de ver você, o apoia. Essas duas, juntas, podem transformar a forma como nos relacionamos e agimos. Elas nos fazem ter trocas tão bonitas e poderosas, que encontramos em nós e no mundo uma potência única. Elas nos permitem desentalar, desfazer o nó na garganta, transformar a dor em suspiro de alívio. A compaixão tem um viés espiritual — não religioso — de sentir um desejo real e profundo de que o sofrimento do outro seja encerrado e que ele seja feliz.

O que atrapalha a empatia

A capacidade de sentir empatia é inata. Todos a temos. Sentimos empatia quando alguém morre e temos a vontade de cuidar de quem fica. Quando o bebê chora e desejamos acolher. Não ficamos indiferentes diante do sofrimento. A questão é: conseguimos demonstrar essa empatia? Conseguimos demonstrar para as pessoas que nós as enxergamos, ou nos perdemos no intenso desejo de fazer com que se sintam melhor? Qual caminho escolhemos para demonstrar a empatia que sentimos?

É provável que você conclua que, em diversas relações, deseja realmente que o outro seja feliz, que seu coração está cheio de compaixão quando dá conselhos ou faz uma palestra sobre a força do pensamento positivo. Acontece que, quando precisa de empatia, o seu interlocutor não tem espaço interno para escutar nada disso. Existe um barulho alto que o impede de ouvir a sua voz, e esse barulho só diminui quando é cuidado, nomeado e organizado. Entender os nossos comportamentos habituais no momento da escuta pode nos auxiliar a escolher uma nova forma de atuar quando alguém nos pede empatia. Vamos analisar alguns dos principais empecilhos para a empatia:

- *Distribuir doses de sabedoria*: Dar conselhos é quase um impulso para muita gente. Olhando de fora da intensidade emocional que a pessoa está vivendo, lhe ofertamos respostas para os problemas que ela descreve. Sabemos o que pode resolver, temos certeza disso, e comunicamos as nossas certezas sem percebermos que são apenas pensamentos.

— Briguei com o meu marido!
— Nossa, não sei como você tem paciência para lidar com os chiliques dele. Termina esse casamento, você vai ser mais feliz!

— Tive um péssimo dia no trabalho!
— Eu já falei que você precisa colocar limite! Você tem que mostrar que não vive para o trabalho!

— Acho que não tomei a decisão certa sobre a viagem... Estou tão angustiada...
— Se eu fosse você, cancelava essa viagem! Não é o momento de você se afastar!

- Quando alguém precisa desabafar e nos conta o seu problema, deseja a validação da sua dor. Deseja o reconhecimento de que o que sente importa. Quando aconselhamos, fazemos justamente o oposto. "Seu problema tem solução, toma ela aqui! Como você ainda não havia pensado na forma de resolver isso?" Os conselhos não precisam sair completamente de cena, mas devem entrar apenas quando solicitados, e jamais com o tom de *se eu fosse você*. Você não sabe o que é ser o outro. Não teve a sua história, não viveu a sua vida. Empatia não é ver o mundo do outro com os seus olhos, é ver o mundo do outro com o olhar dele. Deixe o conselho para o momento posterior à escuta. Você vai ver que, muitas vezes, ele se torna desnecessário.

- *Disputar o prêmio de perdedor patético*: No filme *Um lugar chamado Notting Hill* existe uma cena marcante. Will e Anna, os personagens principais, estão comemorando o aniversário da irmã de Will na casa de alguns amigos. Em um determinado momento do jantar, os participantes fazem uma competição para decidir quem merece a última fatia de brownie. A fatia seria um prêmio de piedade/consolação para o maior *perdedor patético* entre eles. Cada um começa a contar as suas piores histórias de vida para justificar que merece o estranho título e o prêmio. Sempre que desabafo com alguém que adota a postura de disputar o sofrimento, tenho vontade de perguntar se ela quer o prêmio de *perdedor patético*. Sem perceber, muitas e muitas vezes, disputamos a fatia de brownie diante da dor alheia.

— Nossa, não aguento mais a minha mãe!
— Pelo menos você tem uma mãe viva. Não faz ideia do que é sofrer de saudade de uma mãe.

— Meu carro quebrou, vai demorar um tempão para ficar pronto!
— Amiga, não reclama, pelo menos você tem carro. Assim vai saber um pouco da vida que eu levo andando de ônibus sucateado pela cidade!

— Mãe, eu não quero comer, não tem queijo!
— Ah, não tem queijo?! Pois no meu tempo não tinha queijo, meu filho! A minha infância não teve um terço do que você tem, agradeça!

- Dá para escrever algumas páginas com exemplos como esses. Alguém divide um problema, uma dor, e o outro, acreditando que quem reclama o faz sem motivo, resolve ampliar as perspectivas falando da sua própria dor. Normalmente a nossa boa intenção se baseia na crença de que, se vir que existe alguém em pior situação, a pessoa terá um estalo mágico que a fará ficar grata pelo que possui. Mas não é assim que funciona. As várias vezes em que sua mãe informou que havia crianças morrendo de fome pelo mundo não fizeram com que você ficasse feliz com o refogado de chuchu. Quando o impulso de demonstrar para o outro que ele não deveria reclamar porque a dor dele nem é tão grande assim vier, respire. Lembre que o prêmio de maior perdedor patético não vai trazer nada, nem a bendita fatia de brownie ao final.
- *Virar um biscoito da sorte*: Falamos uma frase de efeito e mudamos de assunto, demonstrando a nossa impaciência em lidar com o problema do outro, encerrando a conversa sem lhe dar a chance de falar mais. Não estamos com espaço interno, não consideramos aquele um problema que deva ser observado ou estamos tão incomodados com tudo, que o assunto nos faz perceber que preferimos simplesmente mudar os rumos da prosa. Por vezes adotamos a postura da positividade tóxica, a corrente *gratiluz*, que pede que você mude de assunto para não diminuir a sua vibração.

— Nada de pensamento negativo, atrai coisa ruim! Foca nas coisas boas, menina!
— Você sabe que esse medo baixa a sua energia e deixa você mais suscetível às coisas que não quer que aconteça. O que você acha de meditar? Conheço uma meditação guiada ótima!

— Que tal listar as coisas pelas quais você é grato todos os dias? Você vai ver como a vida muda!

- Não fazemos isso por mal. Acredito fielmente nas nossas boas intenções. Acontece que, no momento em que desabafa, a pessoa não quer saber da nossa filosofia de vida. Ela não quer ter o assunto encerrado com uma frase de efeito qualquer. Ela quer ser vista para além da nossa forma de enxergar o mundo. Lembre-se de que, todas as vezes que você acredita ter a solução para os problemas do outro, você está dialogando com o seu ego, não com a pessoa. Você e a voz contadora de histórias em sua cabeça estão dialogando e deixando o mundo interno do outro de fora da conversa. Se o seu intuito é fazer com que a pessoa saiba que você se importa com ela, desconsiderar os seus sentimentos e necessidades não é o melhor caminho. Sim, a gratidão, a meditação, o *levanta, sacode a poeira e dá a volta por cima* podem ter transformado sua vida, mas contar isso durante uma solicitação de empatia de alguém não é a melhor alternativa.

- *Incorporar o investigador policial*: Enchemos a pessoa de perguntas por pura curiosidade. As informações que queremos ter sobre o fato não estão relacionadas ao sentimento do outro, mas à nossa vontade de saber mais.

— Amigo, meu pai morreu...
— Ai, meu Deus, morreu quando? De quê? O que aconteceu?

— Minha esposa acaba de sair de casa, estou devastada.
— Quando isso aconteceu? O que houve? Vocês brigaram?

- Queremos mais informações porque acreditamos que podemos fazer algo pela pessoa se soubermos mais. Mas a nossa função não é resolver os problemas. Podemos lidar com a nossa curiosidade enquanto esperamos que a pessoa tenha vontade de falar. Talvez o seu amigo não queira contar, naquele momento, como o pai faleceu. Talvez ele só quisesse chorar e falar da saudade que já está sentindo. Talvez a sua amiga só precisasse falar sobre o medo do futuro sem a esposa, sem ter que relembrar cada detalhe da discussão. Esqueça o interrogatório. Abra espaço para que a pessoa fale o que precisa, na ordem em que precisa.

- *Roubar a cena e sofrer mais que quem desabafa*: Quando minha mãe recebeu o diagnóstico de câncer, percebi o quanto as pessoas perdem a noção da dor do outro quando estão afundadas em seus próprios medos. As visitas que recebíamos chegavam com ar de pesar e com uma voz de tão intenso sofrimento que, por vezes, éramos nós quem as consolávamos! Algumas histórias mexem profundamente conosco, sobretudo quando envolvem pessoas que amamos. A nossa capacidade de empatizar, por vezes, nos faz perder a perspectiva do nosso lugar no momento da escuta. Choramos, brigamos, nos perdemos em nossos sentimentos e esquecemos que quem nos procura precisando de empatia não pode engolir a própria dor para nos acalmar. Chorar enquanto um amigo ou amiga conta algo que lhe causou dor é diferente de entrar em um ciclo de lamentações e diferentes entonações de *ai, coitadinho, que vida injusta!*. A história mexeu com você? Reconheça isso e, assim que possível, procure alguém que possa lhe ofertar a empatia de que precisa, só não coloque seus sentimentos no centro da situação quando alguém procura você precisando de empatia.

Agir de maneira que atrapalhe a conexão não é incomum, e a maioria de nós — arrisco dizer que todos nós — já incorremos em um desses erros. Nós nos acostumamos a escutas que não são verdadeiras. Menosprezamos o sentimento alheio ou nos apressamos em resolver o seu problema sem lhe dar o espaço necessário para organizar seu mundo interior. Não mudaremos de uma hora para a outra, não adotaremos uma nova postura de maneira automática, mas perceber os nossos erros mais comuns nos ajuda a transformá-los. Qual dos empecilhos da empatia você mais pratica? Já percebeu que, dependendo de quem fala, a sua forma de responder muda? Com meus filhos tenho a tendência de aconselhar e, por vezes, é bem difícil conter o impulso de derramar toda a minha sabedoria nas pobres cabecinhas. Já com o meu marido oscilo entre virar um biscoito da sorte e disputar o prêmio de maior perdedor patético. É quase automático falar: "Você está reclamando? Faz ideia do tanto de coisas que eu dou conta?" Cada pessoa toca em um lugar diferente em nós e, exatamente por isso, reagimos de maneira diferente a cada fala ou gesto. Que ouvinte você é para cada pessoa que ama ou com quem convive?

A vista de um ponto

Quando falamos sobre o processo de pedir, fizemos um caminho que nos ajuda a separar observação de julgamento, perceber o que sentimos e o que precisamos para só então pedir, de maneira afirmativa, consciente e exequível. Trilhar essa jornada de compreensão do que está vivo em nós alinha o que precisamos com as nossas falas, aumentando as chances de sermos atendidos. Infelizmente esse não é um processo comum. Não aprendemos a estabelecer essa conexão interna antes de iniciarmos uma conversa e, por isso, nos acostumamos a encerrar as nossas interações com uma estranha sensação de frustração ou de incompletude. Falamos pouco do que realmente precisamos e nos ressentimos porque as nossas expectativas não são lidas e atendidas pelo outro. Das pequenas às grandes interações, há uma camada invisível das conversas que não é falada e fica subentendida. A comunicação não violenta busca traduzir essas camadas, encontrá-las e tirá-las do não dito. Vamos a um exemplo.

— Oi, amiga, tá aí? *(Estou precisando conversar e gostaria que fosse com você.)*
— Oi, tô, sim! *(Gosto de falar com você, que bom receber notícias suas!)*
— Quer vir jantar aqui em casa? *(Tive um dia cheio e estou bem cansada, acho que encontrar você vai me ajudar a renovar as energias. Nossos encontros são sempre tão divertidos, aquecem muito o meu coração.)*
— Claro! Posso chegar às 19h? Quer que eu leve alguma coisa? *(Que bom receber o seu convite! O meu dia foi caótico, as crianças demandaram bastante, e sorrir e conversar com alguém vai me fazer muito bem! Diga se deseja que eu leve algo, você é importante para mim e não quero te sobrecarregar. Além disso, me sinto mais confortável quando sei que estou contribuindo para o nosso bem-estar.)*
— Não, não precisa! Te espero, então! Comprei um vinho que tenho certeza que você vai curtir! Beijo, até logo! *(Tenho tudo de que precisamos para uma noite divertida, a sua presença é o suficiente para mim. Gosto tanto da sua companhia que comprei um vinho gostoso para acompanhar o nosso papo. Que bom ter você em minha vida.)*

— Ótimo, até! Beijo! *(O seu convite alegrou a minha noite, celebro demais que vamos nos ver!)*

Mesmo as nossas conversas mais simples e triviais são movidas pelos nossos sentimentos e necessidades e, na maior parte das vezes, não temos consciência real de quais são esses sentimentos e necessidades. Assim como não temos, dificilmente as pessoas com quem convivemos a têm. Essa ausência de conexão com o que vive em cada um de nós nos faz perder a preciosa oportunidade de nos conectarmos uns com os outros de maneira profunda. Reagimos às falas de quem nos rodeia sem sequer nos perguntarmos o que a pessoa sente ou de que precisa quando fala o que fala. Por engolirmos, muitas vezes, as opiniões e intenções em nossas trocas, concluímos que quem conversa conosco também o faz e reagimos às vozes que falam em nossa cabeça. Em vez de nos conectarmos com a segunda camada das conversas – essa que não é dita mas é sentida –, criamos uma terceira camada, a das reais intenções da pessoa, que ela não tem a coragem de assumir. Estamos, na maior parte das vezes, achando que o outro não pensa o que está dizendo, e criamos histórias sobre o que realmente quer. Projetamos no outro cada palavra que não dizemos em nossas trocas. Ficamos mais defensivos e reativos. Tentamos decifrar os códigos por trás de cada gesto, olhar, bocejo. E reagimos às conclusões da voz contadora de histórias em nossa cabeça. Esquecemos que o nosso ponto de vista é apenas a vista do ponto onde estamos, e nos perdemos em nossos julgamentos e medos.

Vamos a um exemplo: sua irmã foi promovida para um alto cargo na empresa em que trabalha e decidiu fazer um jantar para comemorar. A promoção veio justo agora, em um momento em que você decidiu que deixaria a carreira de lado para cuidar das crianças. A conquista dela desperta um ponta de ciúme e inveja em você. Será que a sua escolha de parar de trabalhar foi realmente acertada? Será que você vai se arrepender no futuro? A decisão de não voltar após a licença-maternidade do caçula não foi fácil e continua sendo algo que mexe bastante com suas expectativas. Enquanto olha seu guarda-roupas, você conclui que não possui uma roupa sequer para estar nessa ocasião. Não que você torça pelo insucesso da sua irmã, você a ama e deseja que seja muito feliz. Você só não queria ter de explicar a sua decisão para todas as pessoas presentes.

Deveria ser óbvio que educar um ser humano é um trabalho importante e essencial para a criação de um mundo melhor, não? E você não está criando apenas uma, mas duas crianças! Por que ninguém enxerga isso? Você escolhe a roupa que fica menos desconfortável, visto que precisa de algo que possibilite a amamentação. Olha-se no espelho e acha que está horrível. Tem vontade de ligar e falar que está passando mal. Talvez dizer que o bebê está com febre, ou que a mais velha está cheia de pintinhas no corpo. Catapora. Alguma doença contagiosa que impossibilita a sua presença. Você acaba saindo mesmo assim.

Assim que chega no local da festa, encontra a sua mãe:

(*Mãe*) — Oi, filha, gostei do macacão.

A voz contadora de histórias em sua cabeça: *Ela está sendo irônica, tenho certeza. Consegue me criticar com um sorriso no rosto. Eu sabia que deveria ter colocado o outro vestido.*

(*Você*) — Sei... Não achei nada que coubesse melhor no meu corpo, ok?

A voz contadora de histórias na cabeça da sua mãe: *Que menina grossa! Eu não falei uma palavra sequer sobre a roupa dela! Quem tem culpa se ela está infeliz?*

(*Mãe*) — Nossa, mas eu só te elogiei! Não falei nada de errado! Desde que parou de trabalhar você está assim, grossa com todo mundo!

A voz contadora de histórias em sua cabeça: *Eu sabia que ela ia falar sobre isso. Tinha certeza absoluta. Nunca vai saber respeitar as minhas escolhas. O que deixar de trabalhar tem a ver com a merda do meu macacão? Fazer o que se não dou tanto orgulho quanto a filhinha perfeita dela?*

(*Você*) — Mãe, quer saber, vou entrar para dar os parabéns e vou embora. Estou cansada, com dor de cabeça, não vou ficar escutando indireta.

A voz contadora de histórias na cabeça da sua mãe: *Que horror! Agora eu sou a culpada por ela ir embora? Fica trancada em casa e não quer mais conviver com a família! Está com inveja do sucesso da irmã, isso sim! Sempre foi assim, reclamona!*

(Mãe) — Você acabou de chegar! Não posso falar mais nada que você se ofende! Está sensível demais! Definitivamente ficar em casa não tem feito bem a você!

A voz contadora de histórias na sua cabeça: *Chega! É por isso que fujo dos encontros da família! Não saí de casa para ser humilhada! Egoísta, insuportável.*

(Você) — Quer saber? Fala que passei por aqui e não pude ficar. Estou com dor de cabeça. Tchau!

A voz contadora de histórias na cabeça da sua mãe: *Ela vai embora? É sério isso? Não foi para isso que tive filhos! Não dediquei anos da minha vida para ser tratada desta maneira por essa pirralha! Está achando que porque cresceu não tem que me respeitar? Que absurdo!*

(Mãe) — Não saia enquanto estou conversando com você. Eu sou a sua mãe!

Você já não responde. Já nem lembra exatamente por que decidiu ir ao jantar. Pega o celular e envia uma mensagem para a sua irmã: "Desculpa, não deu para ficar. Encontrei a grossa da sua mãe na porta e já me soltou indireta porque parei de trabalhar. Não tem jeito, ela nunca vai me respeitar e enxergar que sou uma mulher adulta que sabe o que quer. Te ligo amanhã. Quer almoçar lá em casa? Te amo."

Pode ser que esse diálogo não ressoe em você, porque você não tem filhos, porque não é uma mulher ou porque tem uma relação linda com a sua mãe e ela jamais falaria algo assim. No entanto, mesmo que essa situação não faça parte da sua história, você certamente já estabeleceu — ou segue estabelecendo — diálogos parecidos em sua rotina. Nós nos perdemos em julgamentos e esquecemos que eles são apenas a nossa forma de ver a situação, são camadas que colocamos no que nos acontece. A vista do ponto onde estamos raramente nos fará enxergar as situações com amplitude. Nossa capacidade de decifrar o mundo ao redor é limitada e, exatamente por isso, mesmo que inconscientemente, escolhemos em que vamos focar. Em minhas duas gravidezes, eu enxergava grávidas em todos os lugares aonde chegava. Aparentemente o mundo inteiro estava gestando um ser humano. O número de gestantes do mundo aumentou só porque decidi ter filhos? Claro que não! Minha percepção mudou, meu foco mudou e passei a enxergar melhor as grávidas que se aproximavam de mim. Coisa semelhante aconteceu quando compramos, meu marido e eu, nosso primeiro carro juntos. Escolhemos uma minivan, porque queríamos ter filhos em breve. Assim que decidimos que modelo seria, começamos a ver vários deles rodando pela cidade. Até então era um carro que eu não notava, mas, de uma hora para outra, passou a atrair imediatamente meu olhar. Para que a escuta ativa se estabeleça é essencial percebermos que a realidade é maior do que o que estamos vendo. E que toda fala que vier do outro é movida por algo que ele sente e de que precisa. Precisamos enxergar os nossos medos e angústias e separá-los do que o outro está dizendo ou fazendo. Acontece que a voz que conta histórias em nossa mente o faz há tanto tempo, que sequer percebemos sua presença. Ela fala, e concluímos que as suas fantasias e medos são a realidade. Reagimos em segundos sem perceber o que nos motiva. No capítulo 2, falamos sobre como estabelecer essa conexão, e ela é essencial para nos abrirmos para a escuta. A empatia pede que abaixemos o volume das vozes julgadoras em nossa mente. A empatia e os julgamentos não convivem. Vamos olhar para o diálogo anterior colocando em você maior consciência de si e maior disposição para escutar o que vive em sua mãe.

(*Mãe*) — Oi, filha, gostei do macacão.

Seu diálogo interno: *Ela está sendo irônica, tenho certeza. Eu queria estar mais segura sobre a minha atual aparência para não me abalar tanto. Por mais que eu diga que não ligo, a opinião dela importa para mim... Talvez ela esteja apenas tentando puxar assunto.*

(*Você*) — Obrigada. Procurei algo confortável e que fosse fácil para amamentar.

(*Mãe*) — E você vai amamentar até quando? Realmente não vai voltar a trabalhar?

Seu diálogo interno: *Nossa, essa história novamente? Que inferno! Ela nunca vai respeitar as minhas decisões! Respira, respira... Tá... Eu sei que ela sofreu demais dependendo do meu pai e talvez tenha medo de que eu viva o mesmo. Será?*

(*Você*) — Mãe, eu não pretendo voltar a trabalhar agora. Você tem medo de que eu viva o que você viveu em seu casamento?

(*Mãe*) — É claro que tenho! Depender do seu pai foi uma das piores coisas que já vivi, não desejo isso para ninguém, muito menos para as minhas filhas! Você é uma mulher inteligente, tinha uma carreira bonita, não consigo aceitar essa loucura!

Seu diálogo interno: *Que interessante! Ela teve uma história que a machucou e tem medo de que eu viva o que viveu.*

(*Você*) — Eu imagino que as histórias que viveu machucaram você demais. Acho que se tivesse uma experiência ruim em algo eu também teria muito medo de que as minhas filhas vivessem uma história igual.

(*Mãe*) — Não é nada contra você, minha filha. Me esforcei para pagar escola, faculdade... Eu queria garantir que você não ia repetir a minha história.

Seu diálogo interno: *Acho que ela está frustrada e com medo. Talvez precise de reconhecimento pelos esforços que fez... E que eu tenha consciência do cuidado que tem comigo.*

(*Você*) — Mãe, eu reconheço e agradeço muito os seus esforços. Imagino tudo que viveu para que a gente conseguisse viver uma história diferente da sua. A minha história já é diferente. Eu tenho você. Eu imagino que pedir que você não se preocupe não vai diminuir as suas preocupações... Eu posso garantir que, se perceber que a minha decisão está trazendo sofrimento para mim ou para as crianças, eu volto a trabalhar. Eu tenho um superparceiro e continuo com uma profissão, não é falta de opção. Você acha que ajuda em alguma coisa saber disso?

(*Mãe*) — Eu quero que você seja feliz, só isso. Nada vai fazer a minha preocupação acabar, mas saber que você pensa nisso me acalma.

(*Você*) — Que bom, fico feliz! Vamos entrar? Estou morrendo de sede.

(*Mãe*) — Vamos, sim, sua irmã estava ansiosa para você chegar.

A mesma interação pode tomar rumos diferentes quando as falas e os gestos são recebidos de maneiras diferentes. Quando saímos da nossa reatividade habitual e dos dramas criados pela voz contadora de histórias e nos abrimos para a escuta real, um processo bonito acontece: conseguimos enxergar o ser humano por trás das palavras. Conseguimos lembrar que a nossa humanidade nos une, que temos sentimentos e necessidades semelhantes, por mais que a forma de atendê-los seja diversa. Saímos do padrão de defender e provar o nosso valor e nos permitimos escutar o que vive no outro. O que ele está vendo? O que está sentindo? Que necessidades são tão importantes e que estão por trás de cada palavra dita?

Escutando o "por favor" trágico

A primeira vez que li que da boca humana só saem "por favor" e "obrigado(a)", eu ri. Aquele riso de deboche que vem seguido de "Ah, tá!". Isso simplesmente não fazia sentido. Existem pessoas ruins, malvadas, criminosas! Existem pessoas grosseiras, mentirosas, desonestas e difíceis de lidar. Existem *serial killers*, genocidas, estupradores! O que poderia estar por trás dos seus comportamentos além da mais pura e genuína maldade humana? Que "por favor" poderia existir por trás de comportamentos cruéis e repulsivos? Com o passar do tempo, o aprofundamento nos estudos da comunicação não violenta e da psicanálise, compreendi o que Marshall Rosenberg afirmava. Estamos, todos nós, constantemente, buscando o atendimento das nossas necessidades, somos movidos por isso. E, como disse, temos, por vezes, péssimas estratégias. Conseguir escutar o que vive por trás da fala desmedida, do gesto grosseiro, do comportamento inadequado pode transformar as nossas relações. Cada fala ofensiva, cada ataque, cada ato violento é a expressão trágica de uma necessidade. É um "por favor" dito com a voz esganiçada, gritado tão alto que quase não dá para compreender.

É importante explicitar que se conectar com o que vive no outro não significa, necessariamente, concordar. Existem várias opções entre o concordar e o reprimir com veemência. O processo de escuta verdadeira ocorre quando entendemos que concordar ou discordar são expressões dos nossos julgamentos sobre essa ou aquela situação. São opiniões, e a empatia extrapola o campo da opinião. Abrimos mão do convencimento para nos conectarmos ao que vive no outro, com interesse, com respeito, lembrando que suas necessidades e seus anseios não são nem piores nem melhores que os nossos. Podemos, após uma conversa, perceber que temos opiniões diferentes sobre um determinado assunto, e isso não é necessariamente ruim. Nomearmos as necessidades de todos nos dá a poderosa oportunidade de colocar as cartas na mesa e decidir que jogadas podemos criar com elas. Como podemos conviver com as nossas diferenças? Como podemos ajustar os nossos passos para que consigamos caminhar juntos? Aprendemos que a discordância é um sinal de rejeição, que quem nos ama pensa como nós, concorda com as nossas opiniões, mas essa é uma ilusão absolutamente afastada da realidade. Discordaremos, e podemos ser empáticos uns com os outros mesmo assim.

Já entendemos que não enxergamos a realidade com os mesmos olhos. Cada um de nós interpreta o que vive e experimenta de um jeito, e o primeiro passo para se conectar ao sentimento do outro é abrir mão de qualquer forma enrijecida de enxergar a realidade, assumindo que somos múltiplos em nossos jeitos de estar no mundo. A curiosidade de enxergar a forma com que o outro está percebendo a realidade nos conecta. Como é ver o que estamos vivendo dessa forma? O que essa forma de ver está despertando no outro para que aja da maneira que está agindo? O que é tão importante e que parece ameaçado? Que necessidade grita por trás do grito? Quando saio dos rótulos, dos meus próprios julgamentos, das minhas ansiedades, o consigo enxergar?

Vamos a um exemplo:

Seus pais convidaram você e sua família para um jantar, e você, sem consultar seu companheiro ou companheira, aceitou. Ao chegar em casa e comunicar que terão um compromisso na quarta-feira à noite, ele ou ela tem a seguinte reação:

— Você é egoísta, só pensa em você! Não aguento mais repetir a mesma coisa o tempo inteiro! Você não se importa!

Qual é o seu padrão de resposta ao escutar algo assim?

- *Provar o quanto o argumento do outro é injusto.* "Eu não sou egoísta, eu vivo por essa família! Não acredito que depois de tudo que já passamos você tem a coragem de falar algo assim de mim!"
- *Provar o quanto a sua atitude é acertada.* "São meus pais, o que você queria que eu dissesse? Minha mãe emprestou dinheiro para a gente pagar a escola das crianças, você por acaso esqueceu? Eu não posso dizer 'não' para o convite dela!"
- *Menosprezar o sentimento do outro.* "Ah, pelo amor de Deus, pare de drama! Eu aceitei o convite para jantar, não disse que vamos nos mudar para a casa deles! Menos, por favor! Estou cansada(o) do seu exagero!"
- *Provar que o outro tem atitudes piores que as acusações que faz.* "Ah, eu sou egoísta? Você é muito cara de pau mesmo! Pelo menos eu aceitei apenas jantar na casa deles, não aceitei uma viagem de fim de ano com meus amigos insuportáveis sem falar com você! Se eu sou egoísta, como posso classificar você?"

Essas respostas comuns não geram conexão. Quando acusamos e nos defendemos, nos perdemos da vida, do que sentimos e precisamos, do que o outro sente e precisa. Ao escutar essas respostas, é provável que seu companheiro ou companheira adote uma postura semelhante, defendendo o que acredita, seguindo um padrão bem próximo ao apresentado. A fúria, a mágoa e os padrões de autodefesa de um alimentam a fúria, a mágoa e os padrões de autodefesa do outro. As chances de encontrarem uma solução que acolha a ambos se reduzem a quase zero. As feridas passadas, que nunca foram bem resolvidas, voltam a doer e a sangrar. E a discussão ganha proporções gigantescas.

Quando optamos pela empatia, entendemos que a fala do outro dá sinais do que está vivo nele. Cada frase é uma pista que conduz a um sentimento e a uma necessidade, cada gesto é uma expressão do que é importante para aquela pessoa. De repente a vontade de se defender desaparece porque você entende que não há do que se defender. Não está sendo acusado. Ali, diante de você, há alguém expressando de maneira trágica o que deseja, está usando as ferramentas que tem para cuidar do que importa. Conectar-se com essa convicção muda as nossas perspectivas. Não é fácil, não é automático. Não é o padrão, não para a maioria de nós. Isso quer dizer que, para conseguirmos nos desviar dos impulsos de autodefesa e acusação e nos conectar com o que vive no outro, precisamos de boas doses de intenção e esforço. Se não estivermos atentos, nossos padrões nos levarão aos caminhos que já conhecemos.

Mas como fazer isso? Como se conectar ao que vive no outro? Como alinhar meu desejo de demonstrar que me importo a minhas falas e atitudes? Precisamos nos aventurar a conhecer o mundo interno do outro, prestando atenção ao que diz e ao que demonstra sentir. Você se recorda da *paráfrase*? Ela é uma figura de linguagem que consiste, *grosso modo*, em repetir o que alguém disse, utilizando suas palavras. Na comunicação não violenta alargamos o sentido da paráfrase para buscarmos abarcar também o que não foi dito. Repetir o que a pessoa disse, com nossas palavras, pode mostrar que estamos escutando e fazer com que nos aprofundemos um pouco mais no que sente e precisa. Podemos pensar em formas de falar que estão na busca desse sentir. No exemplo anterior, a conversa poderia se desenrolar da seguinte forma:

— Você é egoísta, só pensa em você! Não aguento mais repetir a mesma coisa o tempo inteiro! Você não se importa!

— Eu percebo que você está frustrada(o) e irritada(o), porque precisa que suas necessidades sejam escutadas e queria ser consultada sobre decisões que envolvem sua presença...

— É claro! Eu não sou um acessório que você leva por aí! Você sabe que eu não gosto de sair à noite durante a semana! Eu já falei isso inúmeras vezes! Parece que você não me escuta! Muito menos para a casa dos seus pais, você sabe que acho seu pai racista e preconceituoso, toda vez que vou lá me irrito!

— Você está cansada(o) e deseja compreensão e acolhimento do que é importante para você. Além disso, é difícil ter de sair de casa, em um horário que você não gosta, para uma programação que você sabe que provavelmente vai te deixar ainda mais cansada(o).

— É muito difícil! A vida no trabalho está um caos! O gerente novo é uma pessoa complicada, suga minhas energias, eu saio do trabalho louca para chegar em casa, tomar um banho e deitar. Talvez ver uma série com você. Sair de casa é a pior das opções!

— E é muito importante para você descansar para dar conta do dia seguinte. Quando o clima no trabalho está difícil, a semana fica muito mais pesada, não dá para acrescentar algo que vai pedir uma energia que você não tem, não é?

— Sim... Eu sei que a sua mãe ajudou a pagar a escola das crianças e que você não quer magoá-la. Mas eu não quero ir lá durante a semana.

— Sinto muito. Combinei de ir na quarta e não imaginei o quanto seria difícil para você. Você acha que podemos marcar para o sábado? Eu dou um passeio com as crianças à tarde, para que você possa descansar, e à noite vamos. Como essa ideia parece para você?

— Ok, pode ser assim. Desculpa, explodi com você.

— Eu não sabia que a rotina estava tão pesada para você. Não gostei da forma com que falou, porque não gosto de ser rotulada(o). Talvez a gente esteja precisando conversar mais. As crianças estão demandando tanto que mal temos tempo para falar da vida e do que importa para nós. Podíamos marcar um dia da semana para falarmos sobre o que consideramos importante ajustar na convivência, o que você acha?

— É, acho que assim a gente não fica acumulando mágoa um do outro. Apesar de que só de pensar já me parece mais uma obrigação na minha lista infinita de obrigações. Posso te dar uma resposta sobre essa ideia amanhã? Ah, também sinto falta de ficarmos mais juntos. Por falar nisso, quer aproveitar para ver aquela série? Saiu episódio novo ontem.

O que você sente ao ler essa conversa? Quando li o primeiro exemplo de uma escuta empática, achei tudo muito estranho. Não parecia uma conversa de verdade. Algo parecia artificial, robótico. Limpo demais, certinho demais, distante da vida real. Afinal de contas, quem teria sangue frio para falar desse jeito? A minha estranheza vinha, principalmente, de três pontos importantes. O primeiro é que, sim, é estranho, no sentido de divergente do padrão, do que temos como normal. Não aprendemos a escutar com profundidade, a não reagir impulsivamente. Não aprendemos a separar nossos julgamentos da nossa forma de escutar. Então, não há como considerar normal algo que realmente foge à norma. O segundo ponto é que acreditava que essa forma de escuta vinha de uma voz mansa e suave, como um terapeuta escutando o paciente. Distante, imparcial. Demorei a entender que posso ser empática com meu tom de voz natural. Que posso escutar e sentir ao mesmo tempo. Posso falar: "Você está irritada porque gostaria que seus esforços fossem reconhecidos!", enquanto tenho o coração acelerado e ando em zigue-zague no ambiente, buscando me acalmar. Uma coisa não anula a outra. A terceira causa de estranhamento era que eu acreditava que escutar significava concordar, logo, ouvir o outro era abrir mão do que importava para mim. Acontece que empatia e passividade ou concordância são coisas diferentes. No exemplo, a resposta empática não era baseada em concordar e assumir a culpa de tudo. Não houve um: "Nossa, sou realmente muito egoísta. Desculpa, deve ser difícil conviver comigo!" A escuta empática abandona a culpa e as suas consequências, ampliando a visão sobre o que nos acontece. Podemos visitar o ponto de onde o outro observa a vista sem, necessariamente, acreditar que nosso ponto é o errado, equivocado e causador de todos os males do mundo.

À medida que praticamos uma nova forma de escutar, a estranheza em aplicar o método diminui. A conversa se torna mais fluida, temos mais confiança em como a fala e a escuta empáticas se ajustam à nossa linguagem, ao nosso jeito. Não é um processo em que perdemos nossa autenticidade, mas justamente o contrário, é uma reconquista da nossa essência, do que vive em nós. A não violência tira as camadas que nos distraem da conexão, do fluir natural da vida. Para a escuta empática precisamos:

- *Separar nosso julgamento e realidade*. Você não deixará de julgar. Os pensamentos continuarão brotando em sua mente em uma velocidade assustadora. Para escutarmos o outro com verdade, precisamos lembrar que julgamentos são somente pensamentos, e que podemos ir além deles. Por vezes é importante falar sobre eles, mas colocando-os no lugar de histórias contadas pela nossa mente, não de acusações: "Quando você me chama de egoísta porque marquei um compromisso com a minha família eu conto em minha mente a história em que você não gosta de nenhum deles e que gostaria que eu escolhesse entre eles e você. Me ajuda a entender como você vê toda essa situação?" Importante: expor o seu julgamento, mesmo assumindo que ele é apenas um julgamento, pode disparar uma reação acalorada do outro. Prefira fazê-lo após a escuta.

- *Entender que não é pessoal.* Como foi dito, temos uma forte tendência a nos defendermos, a recebermos as palavras e os gestos do outro como ataques pessoais. "Eu não aguento mais, faço tudo sozinha nessa casa!" "Como assim? Eu lavei a louça e organizei a casa ontem!" Quando agimos assim, entramos no ciclo de ataque e defesa. Se, em vez disso, buscamos entender o que é importante para quem nos diz, nossas falas mudam. "Acho que você deseja mais apoio e suporte nas obrigações da casa." Mais uma vez digo: não se trata de concordar ou discordar, mas de ir além. O que é importante para que o outro diga o que diz?
- *Lembrar que você pode errar.* O processo empático é um tanto investigatório. Estamos nos dispondo a nos aventurar no universo interno do outro para encontrar os tesouros encobertos por estresse, gritos, fúria, reatividade, confusão mental, tristeza, angústia e ansiedade. Podemos errar. Podemos aventurar um *chute* empático, que não será um gol. E tudo bem. Não precisamos mostrar que sabemos o que está vivo no outro, mas que temos disposição, vontade e intenção de enxergá-lo. A resposta não está em nós, mas nele, por isso pouco importa se acertamos ou não. "Eu odeio quando alguém marca um compromisso e atrasa! Por que você sempre faz isso?", "Puxa, sinto muito. Acho que previsibilidade é muito importante para você!", "Não, não se trata de previsibilidade, mas de respeito, consideração. Consideração é importante para mim". Perceba que, mesmo quando erramos, auxiliamos na busca pelo que vive e motiva o comportamento do outro.
- *Focar nas necessidades.* Pensar em termos de *necessidades* é transformador. O que essa pessoa quer/precisa/deseja/necessita/espera? Uma boa estrutura de frase para começarmos essa prática é: "Eu imagino

que _____ (descrição do que está acontecendo + possível sentimento), porque você _____ quer/precisa/deseja/necessita/espera (necessidade/o que importa para a pessoa)." Você não precisa falar sempre assim, mas ter essa estrutura em mente auxilia na descoberta da sua forma de demonstrar empatia. Na prática, eu raramente falo o "eu imagino/eu acho", costumo começar pela descrição do que vejo, além de aventurar o sentimento e a necessidade. Darei alguns exemplos de formas diversas de demonstrar empatia:

— Todos os dias as regras mudam nesta empresa! É insuportável tanta burocracia!
— E essa inconstância nas regras causa ansiedade, porque você espera que o trabalho seja mais fluido, e se preocupar com essas mudanças atrapalha essa fluidez! (*Necessidade de compreensão, de segurança, de ordem.*)

— Você não me escuta, parece que estou falando com as paredes!
— Acho que você gostaria de receber mais compreensão e consideração na nossa convivência. (*Necessidade de compreensão, de consideração e de empatia.*)

— Você não confia em mim! Como fico sabendo de algo tão importante pelos outros?
— A confiança e a intimidade são muito importantes para você, e você gostaria que estivessem presentes em nossa relação. (*Necessidade de proximidade, de confiança e intimidade.*)

— Estou exausta, parece que todo dia é uma repetição do dia anterior.
— Está faltando propósito e criatividade na rotina, não é? Essa ausência traz uma sensação de vazio às vezes... (*Necessidade de criatividade, de propósito, de enriquecer a vida.*)

— Odeio essas pessoas que ficam me mandando ficar feliz! Eu posso ficar triste, que inferno!

— Você precisa de respeito ao seu tempo e ao seu processo! Você acabou de perder a mãe, quer tempo para elaborar essa dor! (*Necessidade de respeito, de viver o luto, de apoio.*)

— Minha chefe é uma filha da p****!
— Putz, imagino que o ambiente de trabalho esteja bastante desgastante. Seria ótimo trabalhar em um ambiente de respeito, honestidade e encorajamento, não é? (*Necessidade de comunhão, honestidade, segurança emocional, encorajamento.*)

Você pode descobrir o seu jeito de falar, de demonstrar a conexão. Não se desvirtue do desejo de conexão. Repito, não se trata de concordar ou discordar. Não se trata de abrir mão do que deseja, não se trata de atropelar o seu querer para acolher o do outro. Trata-se de reconhecer o querer, acolher e buscar soluções respeitosas para nossos conflitos. A mediação de conflitos não parte da neutralidade, mas de conseguirmos ser parciais com ambos os envolvidos, de haver a intenção de querermos a melhor solução para todos. Podemos concordar em discordar. Construiremos saídas melhores quando tivermos as cartas na mesa e, sem brigar com elas, pensar quais jogadas podemos criar diante do que temos.

Não existe disponibilidade infinita para o outro

Pode ser que você esteja me acompanhando até aqui e pensando que precisa ter uma empatia infinita com todos ao seu redor. Que tem que escutar sempre, que você vai conseguir colocar as orelhas de girafa e se conectar com os sentimentos e necessidades que guiam todos, todo o tempo. Só que não. Não existe disponibilidade infinita para o outro. Empatia pede energia, pede espaço interno, pede entrega, e nem sempre os temos. Por vezes a nossa bagunça interna está grande demais, não há como abrir espaço para o que está desorganizado no outro. Por vezes acabamos de finalmente organizar os nossos espaços, e a bagunça do outro assusta, simplesmente não estamos prontos para lidar com ela. Por vezes o assunto toca em lugares tão profundos e doloridos em nós que não conseguimos ter empatia, a dor nos impede de nos conectar. É uma ilusão acreditar que estaremos sempre com os nossos lados mais gentis, curiosos e abertos para receber as questões alheias. Somos humanos e, como tais, limitados pelas nossas histórias, pelas nossas feridas, pelas nossas expectativas. A escuta e a empatia não podem nos custar pedaços importantes de quem somos.

"Eu não aguento mais, Elisama! Eu juro que a minha única vontade agora é bater nele com o *Comunicação não violenta*!" Foi assim que Emília iniciou uma ligação para mim, chorando, depois de uma discussão com o marido, Thiago. Estavam juntos havia alguns anos e, por mais que os momentos bons fossem deliciosos, os momentos complicados estavam pesados demais para suportar. Fazia tempo que a balança estava desequilibrada, e a relação pedia um espaço interno que Emília já não tinha. Ela ter falado que queria bater no marido com o livro era simbólico: estava cansada de tentar.

O marido fora educado pela avó, uma mulher excessivamente exigente e crítica. Com a intenção de cuidar e evitar que o neto sofresse, ela educou o menino com acusações, desconfianças e exigência de perfeição. Como resultado, ele se tornou um homem reativo, que via nas trocas cotidianas acusações veladas. Achava que sempre existia uma segunda intenção nas falas do outro e, não importava muito o quanto se esforçasse, Emília não conseguia se conectar. As conversas eram excessivamente desgastantes, porque exigiam dela muita empatia para ultrapassar a autodefesa de Thiago e chegarem aos pontos importantes para a relação.

"Eu tenho a sensação de que estou tentando me aproximar de um bicho ferido, sabe? Quando você encontra um bicho machucado, não pode encostar nele de vez ou tocar com naturalidade. Tem que ser aos poucos, precisa mostrar a mão, deixá-lo cheirar, conquistar a confiança, para só depois ele baixar a guarda e deixar que você se aproxime sem atacar. E, mesmo assim, se algum barulho perto o assustar, você ainda pode ser atacado! Parece que toda vez que quero conversar algo com o Thiago preciso agir como se estivéssemos nos aproximando pela primeira vez. Estou perdendo a leveza, a minha autenticidade. Não aguento mais ser empática com alguém que, além de não me ofertar empatia, ainda entende tudo como ataque, mesmo as minhas tentativas de carinho!" Algumas pessoas estão tão feridas que se encaixam perfeitamente no exemplo que Emília utilizou para traduzir a sua vivência com o marido. Estão tão habituadas a trocas grosseiras, dissimuladas e violentas que não conseguem baixar a guarda, por mais que lhes mostremos que não estamos armados.

A comunicação não violenta não é um comando mágico e milagroso. Não é a receita para o sucesso de todas as relações, porque relacionamentos envolvem muitas variáveis. Pode ser que, por mais empatia e consciência que você tenha em suas falas, algumas relações jamais cheguem a um lugar de leveza e tranquilidade. Quanto estamos dispostos a investir energia e tempo para acolher o que vive no outro? Quanto estamos dispostos a aceitar que algumas pessoas jamais serão capazes de nos acolher de maneira empática porque as suas histórias de vida e demais limitações não lhes permitem fazer isso? Em algumas situações, o mais empático que podemos ser é ajustar as nossas expectativas e pararmos de buscar no outro o que ele não é capaz de nos ofertar. Após ser escutada, Emília concluiu que já não queria tentar sozinha. A disponibilidade de remar para que a relação conseguisse lidar com as turbulências da vida estava acabando. Decidiu que não podia ser a terapeuta de Thiago e que, por mais empatia que tivesse por ele, pela sua história e forma de ver a vida, só conseguiria seguir convivendo se ele percebesse que precisava cuidar de si e da relação. Percebeu que uma demonstração desse cuidado seria o começo de um processo terapêutico. Os julgamentos que alimentava sobre si mesma e a sua obrigação de aplicar a comunicação não violenta em todas as trocas, ilimitadamente, se dissolveram à medida que foi escutada. Ela podia ter um limite, inclusive na disponibilidade de escuta, e isso não a tornava alguém pior. Não era culpa dela ou de Thiago. Era o que era. Simples e complexo assim.

Buscar entender o que nos impede de estabelecer uma conexão com o outro é um processo de autoconhecimento. Fala intensamente sobre nós, sobre as nossas histórias, sobre o que é importante para que estejamos alinhando o que desejamos com o que vivemos. Cada desconforto, cada sentimento, cada desejo de fugir e de encerrar o papo nos conta algo sobre nós mesmos.

Estamos dispostos a ouvir? Onde está a vida nas nossas conversas? Onde está a vida nas nossas escutas, para dentro e para fora de nós? Nossas limitações de escuta não são definitivas, mas momentâneas. A maior parte delas dura enquanto a dor em nós lateja. Sermos escutados pode nos ajudar a encontrar espaço interno para escutar. Aliviar o pulsar da dor inflamada nos devolve a consciência para decidirmos quais caminhos podemos tomar para que não nos machuquemos novamente assim. E nos devolve a capacidade de escutar. Ser escutada permitiu a Emília acreditar novamente no conteúdo do *Comunicação não violenta*, em vez de simplesmente querer usá-lo para atingir o marido. Por vezes, tudo o que precisamos é encher novamente o nosso tanque de conexão e amor para que possamos percorrer os quilômetros e quilômetros que o dia a dia pede.

Antes de se cobrar uma empatia sem limites, pergunte-se em que relações tem encontrado colo, carinho, atenção. Em que relações encontra uma escuta tão atenta e verdadeira que o peso que está em seu coração diminui. Quais são as relações em que pode chorar até suspirar? Qual foi a ultima vez que buscou essa pessoa? Que se permitiu vulnerabilizar e pedir ajuda? O que tem impedido esse movimento? Se ninguém lhe veio à mente, o que tem feito para atender essa necessidade tão importante para as relações? O que tem feito para construir relações em que a empatia esteja presente, viva, pulsante? No último capítulo falaremos sobre vulnerabilidade, e nada impede que você siga para lá e se aprofunde no tema.

Resumo do capítulo

- A escuta empática vai além do que projetamos no outro. Ela é profunda, inteira e busca encontrar o que vive no outro.
- Receber empatia não faz as nossas dores desaparecerem, mas nos dá suporte para lidarmos com elas. Abre espaço em nossa mente e em nosso coração. E nos impede de criarmos uma bola de neve que engole as nossas relações numa avalanche de frustração.

- Enquanto a simpatia busca agradar o outro a partir do que pensamos e desejamos, a empatia se dispõe a uma aventura pelo mundo interno do outro. A simpatia não é ruim, mas deixa um vazio em quem a recebe no momento em que precisa de empatia. Quando a empatia está acompanhada da compaixão, então, temos uma combinação inigualável. Porque a compaixão, além de escutar e se aventurar em seu mundo interior, ajuda a aliviar o sofrimento.
- Distribuir doses de sabedoria, disputar o prêmio de perdedor patético, virar um biscoito da sorte, incorporar o investigador policial, roubar a cena e sofrer mais do que quem desabafa são formas de atrapalhar a conexão e dificultar a empatia.
- Das pequenas às grandes interações, há uma camada invisível das conversas que não é falada e fica subentendida. A comunicação não violenta busca traduzir essas camadas, encontrá-las e tirá-las do não dito.
- A mesma interação pode tomar rumos diferentes quando as falas e os gestos são recebidos de maneiras diferentes. Quando saímos da nossa reatividade habitual e dos dramas criados pela voz contadora de histórias e nos abrimos para a escuta real, um processo bonito acontece: conseguimos enxergar o ser humano por trás das palavras. Conseguimos lembrar que nossa humanidade nos une, que temos sentimentos e necessidades semelhantes, por mais que a forma de atendê-los seja diversa. Saímos do padrão de defender e provar nosso valor, e nos permitimos escutar o que vive no outro.
- Separar nosso julgamento e a realidade, entender que não é pessoal, lembrar que podemos errar, e focar nas necessidades são passos que nos auxiliam a buscar entender o que o outro observa, sente, precisa e nos pede com suas falas e gestos.

CAPÍTULO 6

LIDANDO COM TEMAS DIFÍCEIS
Quando a opinião do outro parece absurda demais para ser verdade

Em 26 de maio de 2020, acordei com a internet inteira falando do mesmo assunto. O nome *George Floyd* estava em quase todos os *posts* que eu via e levei um tempo até entender o que estava acontecendo. No dia anterior, 25 de maio de 2020, o norte-americano George Floyd fora assassinado por um policial, em Mineápolis, nos Estados Unidos. O vídeo que mostrava o momento da morte escancarava a atrocidade do ato. Com o joelho, o policial pressionava o pescoço de George, que estava imobilizado, deitado no chão e gritava: "Eu não consigo respirar." É extremamente relevante falar que o policial era branco, e a vítima, um homem negro. Mais um homem negro assassinado pelas mãos do Estado, com uma crueldade que normalmente é direcionada para nós, pessoas negras. O mundo entrou em ebulição. Protestos tomaram as ruas dos Estados Unidos, as discussões raciais dominaram as postagens e trocas nas redes sociais. Já não dava para normalizar tamanha violência. A *hashtag* #blacklivesmatter, em tradução livre, "vidas negras importam", estava nas mais utilizadas do mundo. Precisávamos falar sobre o racismo e as suas consequências na saúde física e emocional do povo negro. Em meio a inúmeras postagens sobre o tema, descobri que uma nova *hashtag* estava em alta, traduzindo o pensamento de muitas pessoas a respeito do que estava acontecendo: #alllivesmatter, ou "todas as vidas importam".

Assim que li, senti o coração acelerar e o corpo estremecer de raiva. Claro que todas as vidas importam, acontece que, diante da estrutura social que vivemos, apenas algumas são assassinadas pura e simplesmente pela cor da sua pele. Se você vai ao médico porque quebrou a perna, não espera que ele comece avaliando o seu pulmão! Não que ele tenha deixado de se importar, mas é a sua perna que precisa de cuidado médico imediato! Minha mente me dizia que não podia existir alguém que pensasse assim. Como alguém pode duvidar da existência do racismo? Como era possível que alguém afirmasse ser apenas vitimismo da população negra? Como um ser humano, após assistir àquele vídeo e ler sobre milhares de vidas negras assassinadas, pode dizer que o racismo é uma mentira? Que somos todos iguais, basta acreditar? Eu, mulher negra, nordestina, tenho uma triste coleção de experiências dolorosas que certamente não viveria se fosse uma mulher branca. Um filme passou pela minha cabeça, e eu só conseguia sentir ódio.

Racismo, machismo, homofobia e algumas outras violências não são uma questão de opinião. Não são a nossa forma de perceber a realidade, não são crenças limitantes ou qualquer outro nome que queiram dar para responsabilizar o indivíduo por uma mazela social. São fatos observáveis. Podem ser comprovados por números, estudos sociais, observação histórica. Não há meditação, determinação, foco, força e fé de um indivíduo que consiga livrá-lo de vivenciar as consequências dessas chagas que matam a liberdade e a igualdade diariamente. Mas como estabelecer diálogos quando o assunto mexe tão profundamente conosco? Como lidar com a discordância quando a opinião do outro é tão absurda que mal podemos acreditar que exista? Como falar sobre política, religião e tantos outros temas que aceleram nosso coração e mexem com nossos afetos a ponto de chegarmos muito perto de perder a racionalidade? É possível conversar com aquela tia que votou em alguém que você abomina? Como ir além do aperto no coração e da ânsia de vômito que algumas falas nos despertam?

Este capítulo não é um *tem que*. Você não *tem que* conversar com a sua tia sobre política, não *tem que* entender o que motiva aquele colega de trabalho em suas falas racistas e homofóbicas, não *tem que* dar empatia ao seu cunhado em seus posicionamentos machistas. Conversamos bastante sobre limites e disponibilidade emocional nos capítulos anteriores, acredito que você já tenha entendido que estamos abrindo mão do *tem que* em nossas relações. Minha intenção aqui é lembrar a você que essa é uma possibilidade. Que, apesar de não ser obrigado ou obrigada, você pode. Conversar com pessoas que pensam de maneira tão absolutamente contrária a tudo o que você acredita é uma construção que podemos escolher. *Podemos*. Não somos obrigados, não *temos que*. Simplesmente *podemos*.

Acredito no poder do diálogo. As conversas nos moldam e são moldadas por nós. O diálogo é uma construção mútua, viva e potente. E não há caminho para o entendimento que não seja o do dialogar. Segundo o filósofo Jean-Marie Muller, em *O princípio da não violência*, a paz conquistada através da violência é uma paz passageira. É na conversa que construímos novos horizontes. Nesse livro, Muller analisa como as revoluções sociais podem acontecer por meio da não violência, e o indico para quem quer ter uma visão filosófica e sistêmica sobre o tema. Por aqui vamos falar sobre construir pontes e conversas que vão além da discordância e da indignação e que podem nos mover para lugares de compreensão e de entendimento, para que possamos ver o humano por trás da fala que nos irrita ou choca. Não estou falando que iremos eximir o outro da responsabilidade pelos seus atos, mas que podemos ter conversas que não nos dividem em *inteligentes que conseguem ver a verdade* e *burros manipulados pelo sistema*.

Conversando sobre ideias, não pessoas

"Você é burro, cara, não adianta conversar com você!"
"Vá estudar, ler, quem sabe fica menos imbecil!"
"Só alguém riquinho e privilegiado para ter ideias tão rasas como as suas!"
"Não perco meu tempo discutindo com gente igual a você!"

Um dos maiores lembretes que faço para pais e mães sobre como lidar com os comportamentos desafiadores dos filhos é que a criança ou o adolescente é maior que qualquer comportamento que tenha. Qualquer um. Explico que podemos — e devemos — orientar sem discutir o caráter das crianças. Parece algo óbvio, mas não é. Preciso lembrá-los de que a criança que não faz o que lhe foi pedido não é teimosa, a criança que tem facilidade para o choro não é chorona. É possível lidar com os comportamentos sem acreditar nos pensamentos que pipocam em nossa mente julgando quem a criança é. Acontece que a maioria de nós recebeu um tratamento diverso desse na infância. Nossos pais, avós e demais cuidadores, fazendo o melhor que podiam com os conhecimentos que tinham, nos rotularam cada vez que discordamos, dissemos "não" e seguimos por caminhos opostos aos que desejavam. Não era seguro discordar e, cada vez que o fazíamos, éramos rotulados e punidos. A discordância ganhou cores de rejeição, se tornou algo pessoal, que falava do nosso valor próprio.

E por que trago essa informação para você, se isso não é exatamente uma novidade? Porque, como disse em capítulos anteriores, essa mistura sobre a opinião e a definição de quem o outro é nos distancia de conversas profundas e verdadeiras, e é esse o nosso padrão. O caminho para escutar, se conectar e entender o que o outro sente e do que precisa é oposto ao que aprendemos, ao que fizeram conosco em nossa infância. Retirar nossa auréola e o tridente do outro e ter uma conversa sem a limitação da divisão entre vilões e mocinhos é um exercício que pede atenção, dedicação e esforço. Nosso comportamento normal, nossa reação imediata será não escutarmos e nos defender, acusar o outro ou fugir da conversa. Ter consciência disso nos dá a oportunidade de escolher agir de forma diversa do que é o costume. Encarar quem discorda de nós e que, por vezes, ainda está aprisionado ou aprisionada no padrão de apenas reagir, mexe com nossos afetos mais primários. Pede energia e esforço. E tem um potencial enorme de transformar a sociedade. Seguem algumas dicas para antes de iniciar uma conversa dessas:

- *Abandone a intenção de convencer o outro.* Se você deseja estabelecer um diálogo com quem pensa diferente de você, com quem concorda com posturas tão absurdas que é difícil acreditar serem possíveis, prepare-se para lidar com as suas emoções e se responsabilizar por elas. Não será uma conversa fácil e, se sua intenção é convencer o outro, é melhor evitar esse diálogo. As chances de que tudo saia dos trilhos e que o papo vire um confronto aumentam consideravelmente quando focamos em mostrar para o outro o quanto as suas ideias são erradas, absurdas, despropositadas e infundadas. A sua voz e as suas falas provavelmente vão acompanhar a sua indignação, e a contação de histórias em sua cabeça alcançará um volume tão alto que você dificilmente conseguirá escutar por trás da fala do outro. Abandonar a intenção de convencer e/ou ensinar não significa que você vai abrir mão do que acredita, mas que vai investir suas energias em criar uma conexão, não em provar quem está certo ou errado.

- *Prepare-se para perguntar mais e afirmar menos.* As perguntas, com a intenção real de compreender o que o outro pensa, costumam ser uma forma de conexão mais eficaz que adotar a postura de palestrante e despejar sobre o outro os conhecimentos que você tem sobre aquele tema. "Estou vendo que esse é um tema importante para você. Me ajuda a entender melhor o que você pensa sobre ele?" "Então você acredita que as pessoas são pobres e vivem em situações tão cruéis porque são preguiçosas e que, se se esforçassem mais, conseguiriam ascender na vida, é isso? Como você acha que as pessoas nessas condições deveriam agir, descreva com mais detalhes para que eu consiga visualizar essa ideia?" "Deixa ver se eu entendi, você está me dizendo que as pessoas podem escolher se vão gostar de homens ou de mulheres, ou se vão se identificar com o gênero de nascimento ou não. O que você acha que uma pessoa pensa para escolher passar por tanto preconceito e sofrimento? Será que alguém escolhe sentir medo de voltar para casa vivo ou não?" Cada um desses exemplos pode ser dito em tom irônico ou irritado, mas se a sua intenção é se conectar, não o faça. Pergunte com gentileza e curiosidade. Se a pessoa se irritar, deixe claro que a sua intenção é compreender. Que não deseja atacar, que não quer brigar. Por vezes as pessoas reproduzem coisas de maneira tão automática que mal param para pensar realmente no que estão falando. Ao explicar, podem escutar as próprias palavras e ideias. Para além disso, as perguntas nos ajudam a entender como o outro está enxergando o que acontece. Já sabemos que a nossa forma de ver o mundo não consegue englobar toda a realidade, escutar pode ser um exercício de ampliar a nossa visão.

- *Lembre-se de que existe uma estrutura social por trás da opressão.* Por mais que você tenha o desejo de demonstrar para a sua tia que o comentário dela foi racista ou queira que seu colega abandone o machismo que permeia a maioria das suas falas, isso não vai, necessariamente, mudar o mundo. A mudança da sua tia e do seu colega pode facilitar sua rotina e ser positiva para sua saúde mental, mas a sociedade em que estamos inseridos continuará sendo machista, racista, homofóbica e tantas e tantas outras mazelas que desrespeitam a vida. Não quero desanimar você, quero apenas que amplie sua perspectiva. Sua tia e seu colega não são o grande problema do mundo, a estrutura social que os faz acreditar que basta querer para vencer, que homens são superiores ou que questões de gênero ou de orientação sexual são apenas falta de vergonha na cara, é que precisa ser transformada. A lente que utilizam para olhar a realidade é dada para todos nós, de maneiras diferentes, desde que chegamos ao mundo. Portanto, não discuta comportamentos individuais, mas os contextualize, mostrando a raiz social de cada um deles, ou as suas consequências nefastas. "Me preocupo quando escuto você falar que uma mulher com um short curto está pedindo para ser estuprada, porque essa ideia baseia muitas violências contra a mulher e faz com que meninos cresçam aprendendo que não são responsáveis pelos seus atos." As chances de uma resposta inflamada são menores quando utilizamos argumentos que não tornam a conversa pessoal demais. Talvez gritar "Que pensamento ridículo e machista!" alivie um tanto sua raiva, mas não ajudará a gerar conexão com quem escuta. Não estou afirmando que vítimas devam ser gentis e empáticas com seus agressores, a violência é inaceitável. Também não estou afirmando que pessoas oprimidas e que vivenciam inúmeras microagressões diárias devem ter paciência e gentileza para escutar e instruir quem as machuca. O oprimido tem direito à sua raiva, indignação, impaciência e reatividade, porque carrega em si mais que um fato isolado, mas uma história de repetidas violências sociais. A intenção aqui é ofertar ferramentas para que, caso tenhamos a intenção de conversar com pessoas que adotam posturas que beiram o absurdo, consigamos fazer com que enxerguem para além das suas verdades.

- *Tenha consciência dos seus limites de disponibilidade e empatia.* Todos temos limites. Sem exceção, todos somos seres limitados pelas nossas vivências, histórias, experiências. Por mais que tenhamos intenção real de nos conectarmos ao outro, talvez sejamos incapazes de fazê-lo porque há dor demais envolvida. Perceba os momentos em que sua paciência e capacidade de empatizar estão acabando. Observe seus comportamentos reativos, sua vontade de se defender e acusar, eles costumam ser sinais de que sua disponibilidade emocional para a conversa está acabando. Permita-se dar um tempo, que pode ser de alguns minutos ou alguns dias. Ligue para alguém que pode escutar você e auxiliar a organizar o seu espaço interno. Xingue em voz alta na solidão do seu quarto ou, se não houver esse espaço, utilize caneta e papel para retirar as camadas de raiva e indignação que estão borbulhando dentro de você.
- *Pesquise e se informe.* Ler e entender os assuntos sobre os quais desejamos conversar aumenta nossa segurança e confiança sobre o que falamos. O embasamento pode nos ajudar a sustentar o que acreditamos, além de nos auxiliar a entender por que esse ou aquele tema mexem tanto conosco. Contextualizar nossos sentimentos e necessidades nas nossas histórias de vida e da nossa sociedade faz com que tenhamos maior compreensão sobre nós mesmos e, muitas vezes, sobre a história do outro. Ler e estudar sobre o racismo me fez entender muitas das minhas inseguranças pessoais, me ajudou a contextualizar falas e comportamentos dos meus pais e de pessoas próximas, me fez entender minha própria subjetividade com um novo olhar. Nossas crenças e experiências pessoais são muito importantes e alcançam novos níveis de profundidade quando percebemos que têm bases em uma conjuntura social. O que entendemos por belo, bom, saudável, amoroso ou bondoso, vil ou insensível está inserido em um contexto social, histórico, não são desejos pessoais isolados, não surgiram *do nada*. A pesquisa nos

ajuda a entender, a aprofundar e nos fornece argumentos para facilitar a explicação dos nossos pontos de vista.

- *Lembre que a sua intenção é apenas uma parte da comunicação.* Você tinha a intenção de escutar e de respeitar o ponto de vista do outro, mesmo acreditando que é absurdo. Você queria conversar e demonstrar isso. Acontece que, entre a sua intenção e o que chegou ao outro, algo se perdeu. Você fala "A", ele entende "C". E você se irrita porque a pessoa não consegue se conectar com a sua intenção, não consegue reconhecer seus esforços para estabelecer uma conversa. Você quer o reconhecimento dos seus esforços, mesmo que eles não tenham atingido seu objetivo. Sinto muito, mas esse reconhecimento pode simplesmente não vir. Na verdade, na maioria das vezes, ele não virá. Aceite que sua intenção é só uma parte do processo e que, para que o outro a compreenda, você precisará se esforçar. Alinhar sua fala ao que você intenciona é função sua, e o outro não deve absolutamente nada a você porque deseja conversar.

- *Ajuste suas expectativas.* Pode ser que você não consiga silenciar as vozes que gritam em sua mente julgando o outro. Pode ser que as dores estejam gritando forte e você se perca no meio do caminho. Pode ser que você faça tudo certo, se esforce para se conectar, escute com o máximo de abertura que conseguir... e mesmo assim o outro não enxergue sua humanidade e suas intenções. Não inicie uma conversa que tratará de temas que envolvem as emoções e as nossas visões de mundo, como política, religião, educação de filhos e tantos outros, com a expectativa de que será fácil escutar as opiniões que divergem das suas. Ou que o outro será iluminado pela sua luz e conseguirá enxergar com a clareza que você enxerga. Não imagine finais hollywoodianos para a conclusão desse encontro. Achar que pode prever ou controlar o final vai trazer grandes níveis de frustração. E, frustrados, tendemos a ser mais reativos, grosseiros, impacientes, cínicos e irritados. Sua conversa não precisa de nada disso.

Cada um de nós aprendeu significados diferentes para as palavras. O lugar onde você nasceu, as pessoas com quem conviveu, os caminhos que percorreu à medida que cresceu, os livros que leu, as músicas que escutou e cada experiência vivida serviram de base para a construção da sua forma de enxergar a vida. Assim como você, eu, seu vizinho, sua colega de trabalho, o tio do seu marido, a mãe da amiguinha da escola do seu filho, tivemos a nossa forma de ver a vida influenciada pelas histórias que protagonizamos ao longo da nossa jornada. A formação do pensamento e da visão de mundo é complexa, e é exatamente por isso que é raso e precipitado acreditar que podemos julgar o caráter e a personalidade do outro por uma conversa ou opinião.

Desviando de minas

Em 2014 o Instituto Data Popular realizou uma pesquisa com um resultado interessante. Noventa e dois por cento dos brasileiros afirmaram que acreditam que há racismo no Brasil, mas apenas 1,3% afirmou ser racista. Entendemos que o racista é alguém que humilha, tem nojo e horror a pessoas negras, e, ao sermos perguntados se praticamos atos racistas, nos vemos em um lugar oposto ao desse estereótipo. "Tenho até amigos negros!" é um argumento comum, como prova de que a pessoa não tem problema algum com a negritude. O racismo é apenas um exemplo. Somos uma sociedade com graves problemas de desigualdade, machismos, homofobia, capacitismo e tantas outras questões, mas, para variar, acreditamos que o problema é o outro. Você não faz parte do 1,3%. Você não é esse tipo de pessoa. Seu vizinho também tem certeza de que não. Idem o seu pai. Quando decidimos ter conversas profundas sobre temas difíceis, caminhamos por um campo minado por conceitos que possuem significados diferentes para cada um de nós. Não somos pessoas ruins, malvadas, egoístas. Somos pessoas boas. E cada vez que uma conversa nos aproxima da imagem nefasta que temos criada em nossa mente sobre esse ou aquele conceito, a mina explode.

Veja bem, não estou afirmando que você vai parar de dar nome às coisas. Que nunca mais vai comunicar ao outro que seus comportamentos foram violentos, que as suas opiniões não são apenas opiniões, mas parte de uma estrutura social que mata e que prejudica a saúde mental do indivíduo. Você pode e deve continuar falando sobre o que importa, mas, se o objetivo é criar maior conexão com quem escuta, desviar dessas minas pode tornar a conversa mais fluida e possível. Seguem dicas que podem facilitar essa troca:

- *Não diga quem a pessoa é.* Quando iniciamos nossas conversas rotulando o outro como racista, *petralha*, *coxinha*, *bolsominion*, homofóbico e palavras semelhantes, despertamos nele a reatividade e a tendência a se defender. Se queremos que a pessoa realmente reflita sobre as suas falas e atitudes, é importante fugirmos dessas palavras. Não, eu não estou afirmando que você deve fingir não ver os atos racistas da sua tia ou as falas homofóbicas do seu cunhado. Estou afirmando que, *se* deseja aprofundar o papo, não deve iniciar a conversa com "nossa, você é muito racista!" ou "seu homofóbico ridículo!".

Quando a minha filha caçula nasceu, escutei comentários racistas de quase todas as pessoas que conhecia. Não, não estou exagerando. Miguel, meu filho mais velho, nasceu com a pele clara, tão branco que cheguei a me assustar. Dois anos depois, nasceu Helena, exatamente da minha cor, mas com cabelos lisos — que, alguns meses depois, ganharam lindos cachos como os meus. As pessoas vinham nos visitar e falavam: "Ó, ela nasceu pretinha... Pelo menos tem o cabelo bom, né?" A primeira vez que escutei não tive reação. Fiquei tão chocada que não consegui responder, nem com empatia nem com grosseria. Doeu de uma forma tão profunda que eu congelei. Lá estava eu, recém-parida, com a minha menina linda nos braços, e as pessoas comentando sobre a cor dela com pesar, como se ela tivesse nascido com três olhos e duas bocas. O "ó" era cheio de piedade. As pessoas sentiam piedade porque ela nasceu negra, diziam isso sem qualquer pudor, para a mãe negra dela. Consegue perceber o nível do absurdo?

Confesso que oscilei nas respostas. Por vezes meu marido e eu respondíamos de forma grosseira e estúpida. Sentíamos muita raiva. Por vezes eu arregalava os olhos e fazia uma cara de espanto, e então um silêncio sepulcral se instalava. Era um comentário que vinha tanto de pessoas próximas quanto de desconhecidos que observavam a diferença de cor dos meus filhos. Certa vez decidi conversar. Uma amiga me falou o famoso:

— Ó, ela não nasceu branquinha como o Miguel.

E respondi com uma pergunta:

— É, ela nasceu com a minha cor. Percebi pesar na sua fala, você acha que a cor dela é um problema?

— Não, imagina. Ela vai ser linda de qualquer jeito.

— Sim, vai, não tenho dúvidas disso. É que comentar da cor dela como se fosse algo ruim é uma atitude racista, sabe?

— Mas eu não sou racista, você sabe disso!

— Eu não estou falando de quem você é. Estou falando do comentário, que às vezes as pessoas falam sem perceber. A gente vive em uma sociedade que considera o branco mais bonito, mais inteligente, mais bem-sucedido. Só quero mostrar para você que, quando comenta sobre a cor da minha filha com pesar, está agindo de uma maneira que fere a autoestima de pessoas negras. Consegue imaginar como me sinto quando alguém tem pena da minha filha porque ela nasceu da minha cor?

— Nossa, desculpa, eu não tive essa intenção de ofender, não.

— Entendo e não estou julgando a sua intenção. Só estou pedindo que não fale assim comigo e com outras pessoas negras, porque isso fere, independentemente da intenção.

— Acho que você entendeu errado, sabe? Foi só um comentário.

— Sei que foi um comentário. E foi um comentário que associava coisas boas a nascer branca e coisas ruins a nascer negra. Não acho que você teve a intenção de me machucar, sei o quanto você gosta de nós. É que, mesmo gostando, a gente reproduz coisas que aprendeu, sem pensar direito. Não precisa se defender, só pensa a respeito. E não fala mais isso para mim.

— Ok. Desculpa mais uma vez.

- *Não presuma que pode julgar o caráter do outro.* Por vezes as falas violentas, ofensivas, preconceituosas e absurdas são proferidas apenas por ignorância. Associamos coisas ruins à palavra *ignorante*, mas todos somos ignorantes em relação a alguns temas e assuntos, porque ninguém sabe tudo. Sim, existem pessoas que são mais grosseiras, que parecem ser movidas por intenções ruins. Existem pessoas que, ao afirmarem os seus preconceitos e visões de mundo, estão cheias de ódio e desamor. Mas não presuma que todos são assim. O mundo não se divide em pessoas que são certas porque pensam como você e pessoas que são más, mesquinhas e terríveis porque discordam da sua visão de mundo. Quando presumimos que o outro é burro, imbecil, mau-caráter e estúpido porque defende tal candidato ou porque não enxerga as consequências terríveis da desigualdade social, fechamos as pontes que podem nos ajudar a construir um mundo melhor. O que muda em sua postura quando, em vez de enxergar o outro como um inimigo, você o olha com abertura, entendendo que todos percorremos longos caminhos até chegar aqui? Mesmo o mais vil dos seres humanos tem uma história que o faz agir como age, pensar como pensa. Não temos que acolher a todos, não temos que ser infinitos potes de luz, mas podemos enxergar a vida sem uma dualidade tão grande e determinista.

- *Tenha consciência dos seus privilégios.* Quando falo que você tem privilégios sociais, não estou dizendo que a sua vida é fácil, fofinha e gostosinha. Não estou afirmando que você não enfrentou dificuldades em sua rotina. Estou apenas afirmando que, comparado a outros grupos, você certamente possui alguns privilégios. E não há empatia verdadeira sem a consciência dos passos que distanciam você do seu interlocutor. A negritude, a orientação sexual, o gênero não são recortes, mas constituintes da subjetividade de cada um de nós. As nossas opiniões e formas de ver a vida são diretamente ligadas a isso. Sou uma mulher negra e nordestina e, de acordo com a nossa estrutura social, tenho algumas dificuldades que mulheres brancas que nasceram e cresceram no sudeste do país certamente não viverão. Estou afirmando que as mulheres brancas paulistas têm uma vida fácil? Não. Estou afirmando que elas têm alguns medos e dores parecidos com os meus e tantos outros muito diferentes. Que além da camada que nos une — sermos mulheres — há uma grande camada que diferencia nossas experiências, nossos sentimentos e nossas sensações. Sou uma mulher cisgênero e heterossexual, não tenho medo de beijar meu marido em frente ao supermercado e sofrer uma violência simplesmente porque estamos trocando afeto. Isso é um privilégio. Ter consciência dos privilégios pode nos ajudar a nos conectarmos melhor com quem dialogamos. Será que as experiências de raça, sexualidade, capacidade e gênero interferem na forma com que estou enxergando a situação? O que essa pessoa vê que não tenho visto?

- *Mantenha a curiosidade.* Estou me abrindo para entender coisas que não sei? Estou me permitindo escutar e ser influenciada por esse tema ou apenas quero despejar no outro meu saber? Em que posso crescer como indivíduo observando experiências diferentes das minhas? Não temos que abrir mão do que acreditamos, mas podemos ir além da nossa forma de ver a vida. A curiosidade nos tira do lugar das certezas e julgamentos e nos coloca na vontade de compreender o outro. Como vê a realidade? O que sente e de que precisa? Que pedidos faz por trás dessa forma de falar e agir?

- *Ao falar, não seja dono ou dona da verdade.* Você está em uma conversa, e a pessoa falou algo que você considera absurdo. Fantasiou de opinião preconceitos e violências e disse coisas que você acredita que ninguém deveria dizer. Provavelmente seu impulso será de fazer com que entenda que errou. Que não deveria falar o que falou. Você quer brigar, quer reagir, quer dizer o que pensa sobre isso. Não, eu não vou falar que você deve engolir sua opinião para ser legal. Mas que, antes de falar, você pode adotar uma postura menos reativa.

"Interessante a sua forma de enxergar as coisas. Quero dividir contigo como eu vejo essa situação, tudo bem para você?"

"Sabe, eu encaro as coisas de outra forma, e eu gostaria de contar para você, o que acha?"

"Acho que a minha intenção na fala não ficou clara. Posso recomeçar?"

Importante: nenhuma dessas falas deve ser dita se não estiver em sintonia com o que você realmente deseja. Se no fundo a sua vontade é fazer a pessoa engolir cada vírgula do que disse, dê um tempo. Respire, se afaste, se conecte com a vontade de escutar. Desalinhadas da

sua autenticidade, as frases anteriores soarão passivo-agressivas ou manipuladoras. Ou ambas.
- *Aceite o desconforto como parte da conversa.* Não há mudança que seja feita de forma leve e confortável. Mudar exige certo grau de desconforto. Dialogar sobre temas difíceis, conturbados, socialmente polêmicos trará desconforto. Por vezes sua fala causará incômodo em quem escuta. E tudo bem. A construção de uma sociedade mais justa e igualitária pedirá conversas mais dolorosas e incômodas. Somos capazes de lidar com esse incômodo, acredite. Tenho pedido que as pessoas me expliquem quando falam algo racista, machista, homofóbico. Quando contam piadas que violentam grupos minoritários, costumo perguntar: "Não entendi, você pode me explicar o que disse?" "Você falaria assim com uma pessoa branca?" Normalmente, após a minha pergunta, a pessoa fica em silêncio ou demonstra algum constrangimento. A minha intenção não é constranger, mas considero importante que pare para pensar no que está falando e na forma como está agindo. O meu silêncio seria constrangedor para mim e para os grupos que sofrem diariamente com agressões verbais e físicas. Assim como, por vezes, o outro ofende sem perceber, precisamos assumir que também o fazemos. Precisamos assumir que falhamos, erramos, pisamos na bola e, muitas vezes, não enxergamos com clareza a profundidade das discussões. Não podemos pedir que o outro engula seus incômodos para que não fiquemos incomodados com nossos próprios erros. Temas difíceis escancaram nossas limitações, nossos padrões menos evoluídos, e é importante assumirmos isso.
- *Não seja fiscal do tom de voz do outro.* Alguns temas mexem com os nossos sentimentos com bastante intensidade e, em momentos de grande emoção, temos a tendência a falar de maneira mais rápida, alta, intensa. Desde que a fala não seja ofensiva e violenta, não seja a pessoa que dita quais são as regras da conversa. Não se comporte como o ser iluminado e superior que silencia a dor do outro porque ele não está falando no tom de voz correto e equilibrado como o seu. Lembro que, quando era criança, durante as brigas com a minha irmã, ela usava a voz mais calma

do mundo e dizia: "Calma, olha a gastrite!" Aquele tom de voz me fazia sentir o estômago queimar instantaneamente. Minha vontade de bater nela triplicava. Não tente controlar o ritmo e o tom da conversa, não seja a pessoa que diz: "Você está muito nervoso(a), descontrolado(a) e acho melhor conversarmos quando você estiver disposto(a) a ouvir." A distância entre você e quem escuta aumenta, as chances de conexão diminuem. Não estou afirmando que você deve escutar gritos e se manter em uma troca que ultrapassa os seus limites, mas não acredite que é seu o poder de determinar como as conversas devem ser.

- *Lembre que a revolta do oprimido e a violência do opressor não ocupam o mesmo lugar.* Talvez você seja uma pessoa branca desejando falar sobre raça. Talvez seja uma pessoa de classe média desejando discutir a desigualdade social. Sua intenção é entender, é gerar conexão. Mas a pessoa negra com quem você deseja conversar explode diante do seu primeiro deslize. A pessoa que mora na favela, com quem você deseja falar, fica impaciente com o seu discurso de DCE de universidade. A reação violenta do outro faz você dizer que não pode reagir à violência que sofre sendo violento, que assim se tornará igual a quem critica. E, nesse instante, a pessoa se exaspera ainda mais. Exigir empatia, não violência e gentileza dos grupos oprimidos é reforçar o silenciamento que viveram por anos e anos, é enfiar o dedo na ferida. Talvez, para você, seja a primeira vez que está discutindo esses temas, mas, para quem vive a opressão na pele, receber pauladas todos os dias, nos mesmos lugares, deixa a pele sensível à dor. Qualquer toque dispara uma dor secular. Histórica. Mexe em feridas profundas. Não seja a pessoa que diz que a revolta do outro é equivocada ou que deseja lhe ensinar como se revoltar. Esse não é seu papel. A essência da comunicação não violenta não é silenciar as dores, mas provocar uma mudança social. Segundo Marshall Rosenberg, "Se uso a Comunicação Não Violenta para libertar as pessoas de depressão, de conviverem melhor com sua família, mas simultaneamente não lhes ensino como rapidamente transformar os sistemas sociais no mundo, então me torno parte do problema. Essencialmente estarei as pacificando, fazendo-as mais felizes de viver nos sistemas como atualmente são, e assim utilizando a CNV como um narcótico."

- *Esteja disposto ou disposta a trocar com igualdade.* Falar do alto de um pedestal não vai fazer com que o outro escute você. Considerar-se um ser superior que está fazendo o favor de despejar seu conhecimento para o outro apenas irá distanciar vocês. Durante a conversa, pergunte-se se está apegado ou apegada à ideia de estar certo ou se tem vontade de construir saídas melhores para as situações, se está atacando ou na defensiva, se precisa de um tempo, se a conversa está lhe pedindo mais empatia do que a que tem para dar. Essa consciência é importante para saber o momento de assumir as próprias limitações: "Percebo que estou com pouco espaço interno para ouvir agora. Acho melhor conversarmos outro dia" pode ser a frase mais sábia e autêntica que você é capaz de dizer.
- *Não crie pré-requisitos para a conversa.* "Leia Engels e depois a gente conversa!", "Acho que você precisa estudar mais sobre esse tema!", "Você não tem conhecimento para conversar sobre esse assunto comigo". Quantas vezes nos perdemos em nossas visões de mundo e desmerecemos o que o outro sabe e vive? Achamos que não sabem tanto quanto nós e, por isso, não teremos uma conversa intelectual o suficiente, sábia o suficiente, inteligente o suficiente. Não aja assim. Não ridicularize o pensamento do outro, não acredite que a pessoa precisa ler os mesmos livros que você, estudar nos mesmos lugares que você, ter as mesmas experiências que você para ser capaz de alcançar a sua sabedoria. Uma postura arrogante fará com que você converse sempre com os grupos que pensam como você, limitando a sua visão de mundo e a sua capacidade de transformá-lo.

As redes sociais e a ausência do contraditório

As eleições para a Presidência da República do Brasil em 2018 tornaram as conversas sobre política uma missão quase impossível. O país se dividiu em dois grandes grupos que defendiam seus posicionamentos políticos com base no medo, não no querer. Um grupo tinha muito medo de que o candidato do outro grupo se elegesse. Eu não conseguia entender como o candidato que liderava as eleições podia estar tão próximo da vitória. Como era possível? Um homem que defendia o uso indiscriminado de armas, que adotava um discurso xenofóbico, machista, homofóbico e criminoso seguia sendo apoiado por grande parte da população. Pessoas que eu amava e respeitava declaravam apoio a ele, e eu me decepcionava de uma forma muito dolorida. Famílias se separaram, casais que eu conhecia terminaram o relacionamento por conta de divergências políticas. Amizades foram desfeitas. O país estava dividido pelo medo, e quem você escolhia como candidato falava sobre seu caráter e visão de mundo. A simplificação de um processo complexo.

Assim como os Estados Unidos haviam eleito Donald Trump em 2016, o Brasil elegeu Jair Bolsonaro, um populista que teve como bandeira a antidemocracia. A meu ver, era óbvio e claro que ele era a nossa pior opção. Pouco tempo depois das eleições de 2018, em março de 2020, a pandemia de Coronavírus escancarou a pouca habilidade que o presidente eleito tinha para lidar com crises. Piadas sobre o vírus, trocas absurdas de ministros da Saúde, campanhas antivacinas. Era claro, pelo menos para mim, que ele não se importava com o povo. Um dia, após a falta de cilindros de oxigênio em Manaus, em um triste colapso do sistema de saúde, escrevi um *post* sobre meu cansaço. No texto, eu falava sobre minhas tentativas de dialogar, conversar, e também sobre o fato de que me faltava empatia e argumentos para conversar com alguém que não enxergava quão irresponsável era a postura do então líder do país. Mais de 200 mil brasileiros tinham falecido até aquele momento. Como não enxergar que ele, como presidente, tinha responsabilidade? Como algumas pessoas seguiam defendendo os disparates dele como uma criança defende o pai quando um coleguinha o chama de feio? Como era possível? Entre os mais de mil comentários no *post*, um padrão me chamou atenção. Tanto as pessoas que concordavam comigo quanto as que defendiam a inocência do presidente tinham a mesma crença de que o outro lado não conseguia ver o óbvio. Que o fato de não enxergar como eles era uma falha de caráter ou burrice. Todas as pessoas que comentaram no *post* falavam que estavam cansadas, preocupadas e com medo do futuro. Assim como nas eleições, ambos os lados acreditavam que o outro era uma ameaça.

Em poucos instantes, meu *post* estava com comentários em que as pessoas se chamavam de *burras*, de *gado*, de *manipulados* e *cegos*. Não sei quantas vezes, desde as eleições de 2018, eu me perguntei como as pessoas não enxergavam a realidade. Como não percebiam que estavam sendo manipuladas? Ali, naquele *post*, entendi que não era somente eu e as pessoas que concordavam comigo que pensavam assim. Eu me choquei ao perceber que todos acreditam que têm contato direto com a verdade e que quem não vê como veem está sendo manipulado. Veja bem, não estou igualando as falas e os atos do presidente com os demais políticos, sejam eles de esquerda ou de direita. Não estou falando que todos os radicais são iguais. Estou afirmando que todos nós, como população, estávamos divididos em grupos que se viam da mesma maneira: radicais, violentos e antidemocráticos. Tudo isso fomentado por algo que, até então, não tínhamos tão presente e vivo em nossas escolhas: as redes sociais.

Vivemos em bolhas e não nos damos conta disso. A rede social nos separa da realidade, por mais que acreditemos que, na realidade, ela nos informa. O foco da rede social não é fazer você ser mais informado, mais consciente e mais feliz. Não é melhorar o mundo em que vivemos. É gerar lucro. E, como a utilizamos gratuitamente, alguém paga por elas, no caso, as empresas e anunciantes. O modelo de negócios das redes socias, como Google, Instagram, Facebook, YouTube e Twitter é o de vender seu tempo, sua atenção para os anunciantes que pagam por eles. Cada informação que você digita, cada *post* que curte, vê, comenta e compartilha vira informação para que o algoritmo saiba o que você está propenso a consumir, o que prende sua atenção por mais tempo. Quanto mais informações possui sobre você, mais pode garantir para as empresas que os anúncios delas serão entregues para consumidores propensos a pagar pelos produtos oferecidos. E o que isso tem a ver com as discussões políticas? Tudo!

Para que seu tempo de uso das redes seja cada vez melhor, os resultados de pesquisas, a ordem do *feed* ou da linha do tempo, as sugestões após os vídeos assistidos são pensadas no conteúdo que você está propenso ou propensa a consumir. O algoritmo, a inteligência artificial que define nossas interações digitais, não é pensado para ampliar sua visão de mundo, para mostrar o que realmente acontece, mas para mostrar o que você quer ver, independentemente de aquele conteúdo ser verdadeiro ou falso. Por vezes ficamos abismados com a desconexão da realidade de alguns e pensamos: *como eles não enxergam a realidade?* Mas a verdade é que não enxergam a realidade como enxergamos porque são guiados para isso. Se você jogar uma palavra nos sites de pesquisa e eu jogar a mesma palavra, os resultados serão diferentes, porque serão ajustados de acordo com o histórico de pesquisa de cada um, as interações com esse ou aquele conteúdo e o engajamento de maneira geral.

Dia desses pedi que meu marido pesquisasse um fone de ouvido para nosso filho mais velho. Assim que encerrou a pesquisa, ele me falou que o mais barato que tinha encontrado, no modelo que eu desejava, custava R$ 180. Tomei um susto, reclamei e afirmei que ele adora comprar coisas caras. Peguei o meu celular e joguei o mesmo nome que ele na pesquisa. No meu resultado apareceram fones com preços em torno de R$ 90. Quando contei, ele não acreditou. "Como esses apareceram para você e não apareceram para mim?" Fizemos o teste algumas vezes e ficamos abismados com a constatação de que os resultados da pesquisa do produto eram diferentes para nós dois, porque costumamos comprar produtos de preços diferentes. Enquanto eu sou aquela que pesquisa preço e pechincha, meu marido tem a tendência de pesquisar funcionalidade, acessórios e qualidade do produto mais que o preço. O algoritmo sabe disso e nos envia o que queremos ver. O mesmo acontece com a nossa lista de vídeos do YouTube ou com a ordem do que aparece no Instagram. Colocamos a rádio de um mesmo cantor no Spotify, mas a sequência das músicas é diferente para cada um de nós, porque ela é orientada pelo desejo da empresa de nos manter mais e mais tempo conectados.

Se você gosta de ler sobre política e passou alguns segundos lendo sobre a possibilidade de um novo golpe militar, o algoritmo irá enviar sugestões, *posts* e notícias que confirmam essa possibilidade, visto que terão a sua atenção garantida. O mesmo acontece se você lê teorias conspiratórias e acredita que a Terra é plana. Mais e mais notícias que confirmam as suas teorias irão aparecer. Mais e mais teorias que estão alinhadas com os seus acessos irão aparecer. Com o tempo, tudo o que lemos e conversamos se torna a nossa realidade. Os *posts* que aparecem dos seus amigos são os que concordam com você. Os artistas que acompanha, os sites sobre política ou os que analisam a realidade são os que mais se alinham com a forma como você enxerga a vida. E o outro começa a parecer incongruente, absurdo, uma ameaça. Nossos medos são amplificados em níveis muito altos. De repente, quem não está conosco está contra nós.

O algoritmo não sabe o que é verdade ou mentira. Não abre um *link* para que você confirme se o site que você está lendo compartilha uma notícia real ou algo manipulado para direcionar as opiniões para o propósito do mercado. Um dos maiores riscos que vivemos nos nossos tempos é a relativização da verdade. Agora todos duvidam de tudo. As teorias da conspiração crescem em uma velocidade assustadora, a rivalidade é alimentada e acirrada por visões de mundo cada vez mais fechadas e restritas. Seu tio que você adorava e com quem você gargalhava todas as vezes em que se encontravam vira um porco fascista e vê você como o comunista que deveria ir embora para Cuba. Não há possibilidade de diálogo, de encontro. Somos opostos, diferentes. Não importa quantos vídeos ele receba diariamente pelo WhatsApp aumentando os medos que sente e afirmando que não deve acreditar em ninguém. Não importa quantas grandes corporações se empenham em gravar vídeos superproduzidos e criar notícias que apavoram quem recebe. Jogamos nos indivíduos a conta dos nossos problemas coletivos.

Um dos pontos mais importantes para que consigamos estabelecer diálogos sobre temas difíceis, como política e mazelas sociais, é lembrar que existe uma estrutura social que não só apoia como estimula os pensamentos expressados por grande parte da população. Que, para que exista um topo, é essencial que se mantenha a base. O jornalismo policial, as mídias e tantos outros reforçam pensamentos mesquinhos sobre quem somos, e existem para garantir a manutenção das estruturas sociais como são. É fácil cair na armadilha de que a culpa é de gente como seu tio ou seu primo, mas isso é tratar de forma superficial um tema que pede um olhar mais profundo e complexo. Enquanto acreditarmos que a discordância com o que pensamos é uma falha de caráter, nos distanciaremos da construção de um mundo melhor.

Sim, existem pessoas mal-intencionadas por aí. Existem pessoas que são conscientemente racistas e violentas, que desejam o extermínio de grupos minoritários. Mas esses são a minoria. Grande parte de quem segue esses pensamentos o faz por motivos que fogem ao neofascismo; eles se relacionam à manipulação dos seus medos e desinformações. Este não é um tópico que defende a direita ou a esquerda, mas um convite ao diálogo. Você pode ser a favor da redistribuição de renda e da taxação das grandes fortunas ou um defensor ferrenho do neoliberalismo e do livre mercado, não cabe a mim julgar seu caráter pelas suas escolhas. Apenas desejo que comece a se aventurar em diálogos que vão além das suas visões de mundo. Que se permita conviver com a discordância. Que treine sua capacidade de empatia e compaixão. Que não fuja dos diálogos que desafiam você, sempre que possível.

Algumas conversas demandam tempo e energia maiores que os que temos disponíveis, mas volta e meia surge a oportunidade de conversar com alguém que, apesar de pensar de uma maneira muito diferente da que você enxerga a vida, está disposto ou disposta a trocar e conversar. Não fuja das conversas que ampliam sua visão de mundo. Não reduza ninguém a um *post*. Não acredite que é possível cancelar alguém pura e simplesmente porque essa pessoa errou. Não junte todas as pessoas que conhece em um único pacote amorfo. Não transfira a raiva e indignação que sente pelas figuras de poder a todos que as seguem. Saia dos comentários e *posts* da internet, em que poucos querem estabelecer uma conexão real com quem está por perto, e converse no mundo *offline*. Não desista de falar sobre política, religião ou intolerância religiosa, sobre racismo e qualquer outro tema que considere essencial para a transformação do mundo. A conversa vale a pena. O diálogo merece seu voto de confiança. Fale, escute, acredite. Se um tema é difícil, provavelmente tem um grande potencial de mudar a realidade. Não desista dos temas difíceis. O mundo melhor depende deles.

Resumo do capítulo

- Apesar de não ter obrigação, você pode conversar com pessoas que pensam de maneira absolutamente contrária a tudo o que você acredita, e essa é uma construção que podemos escolher. *Podemos*. Não somos obrigados, não *temos que*. Simplesmente podemos.

- Nossos pais, avós e demais cuidadores, fazendo o melhor que podiam com os conhecimentos que tinham, nos rotularam cada vez que discordávamos, dizíamos "não" e seguíamos por caminhos opostos aos que desejavam. Não era seguro discordar e, cada vez que o fazíamos, éramos rotulados e punidos. A discordância ganhou cores de rejeição, se tornou algo pessoal, que falava do nosso valor próprio.
- Antes de começar uma conversa sobre temas difíceis, abandone a intenção de convencer o outro, prepare-se para perguntar mais e afirmar menos, lembre-se de que existe uma estrutura social por trás da opressão, tenha consciência dos seus limites de disponibilidade e empatia, pesquise e se informe, lembre que sua intenção é apenas uma parte da comunicação e ajuste suas expectativas.
- Quando decidimos ter conversas profundas sobre temas difíceis, caminhamos por um campo minado por conceitos que têm significados diferentes para cada um de nós. Não somos pessoas ruins, malvadas, egoístas. Somos pessoas boas. E cada vez que uma conversa nos aproxima da imagem nefasta que temos criada em nossa mente sobre esse ou aquele conceito, a mina explode.
- Para facilitar as conversas difíceis, não diga quem a pessoa é, não presuma que pode julgar o caráter do outro, tenha consciência dos seus privilégios, mantenha a curiosidade. Ao falar, não seja dono da verdade, aceite o desconforto como parte da conversa, não seja fiscal do tom de voz do outro, lembre que a revolta do oprimido e a violência do opressor não ocupam o mesmo lugar, esteja disposto a trocar com igualdade, não crie pré-requisitos para a conversa.
- As redes sociais nos empurram em bolhas que diminuem nossa consciência da complexidade do mundo e das relações, aumentando a polaridade, e reduzem nossa capacidade de exercer o diálogo, a empatia e de lidarmos com a discordância.
- Não desista de falar sobre política, religião ou intolerância religiosa, sobre racismo e qualquer outro tema que considere essencial para a transformação do mundo. A conversa vale a pena. O diálogo merece seu voto de confiança. Fale, escute, acredite. Se um tema é difícil, provavelmente ele tem um grande potencial para mudar a realidade. Não desista dos temas difíceis. O mundo melhor depende deles.

CAPÍTULO 7

CADÊ O CONTROLE?
Tirando a vulnerabilidade do castigo

Eu estava com algumas ideias organizadas para iniciar este capítulo. Planejei os tópicos e decidi que sentaria para escrevê-los no dia seguinte. À noite, meu filho mais velho saiu do seu quarto com uma feição tensa e dolorida. Aboletou-se em meu colo como um bebê e eu, diante da surpresa, decidi apenas ajeitar a criança de quase um metro e meio em um abraço aconchegante. Percebi as lágrimas escorrendo no rosto, que se escondia em meu peito. "Filho, aconteceu algo?" Ele assentiu com a cabeça, sem dizer qualquer palavra. "Quer contar o que houve?" "Eu... eu... um pensamento... vocês morriam." Senti um nó na garganta. O medo do pequeno ressoou no meu. Abracei-o com ainda mais força, ele se agarrou a mim, o pai o abraçou junto, e ali ficamos, os três, com lágrimas escorrendo pelos nossos olhos diante da constatação de que não temos superpoderes, de que não controlamos o que nos acontece. Depois de um tempo, voltei com ele para o quarto, deitei junto na cama e falei que sempre estarei com ele, se não fisicamente, no coração, nas memórias, no que aprendemos juntos. Mas a realidade é que não desejo ser memória, desejo ser presença.

Não há garantia de que conseguirei alcançar meu objetivo. Não há garantia de que ele terá meu abraço quente e acolhedor quando precisar. Acordei pensando que o que vivemos era a forma ideal de iniciar este capítulo, porque para uma mãe não há dor maior que a de saber que não é eterna. Não há coisa que eu quisesse controlar mais, na vida da maternidade, que a duração dos meus dias no meu mundo. Mas simplesmente não posso. Alguns dos grandes psicanalistas do mundo afirmam que tentamos controlar o que nos acontece porque queremos vencer a morte. Porque acreditamos que, quanto mais interferimos no que nos acontece, mais nos iludimos que podemos driblar a inconstância da vida. Simplesmente não podemos. Achar que conseguiremos controlar o que nos acontece é uma ilusão que turva nossa visão e nos desconecta do que vive em nós.

O ano de 2020 foi o primeiro em que fiz um planejamento anual de tudo que desejava que acontecesse. Anotei mês a mês, fiz reunião com a minha empresária. Não era apenas uma programação, era uma certeza. No início do terceiro mês do ano, a pandemia de Covid-19 foi deflagrada, e meu planejamento virou apenas um amontoado de papéis e sonhos. Em uma semana, os eventos de todo o ano foram cancelados. O programa de TV em que eu teria um quadro fixo saiu da programação da emissora. A turnê do *Por que gritamos*, o livro que seria lançado em maio, foi cancelada. Eu, que havia me mudado da Bahia para São Paulo em dezembro de 2019 para poder ficar mais perto dos trabalhos e passar menos tempo em aeroportos, estava com todas as viagens canceladas. Dois mil e vinte riu dos meus planos e me lembrou de que todo controle é uma ilusão. Até podemos planejar, devemos sonhar, mas não podemos esquecer que as tentativas de controle sobre o que nos acontece nos sugam as energias e nos afastam da vida.

Marshall Rosenberg afirmava que há uma riqueza única em ver cada situação que vivenciamos, como se estivéssemos vendo o rosto de um recém-nascido, com a curiosidade de quem não tem certeza alguma sobre como as coisas deveriam ser. Não há o que controlar. Conversas são um campo sobre o qual não temos controle. Conversas verdadeiras acontecem quando abrimos mão do desejo de controlar o outro e o que ele deve pensar. Quando abrimos mão do desejo de controlar como vamos nos sentir. Quando abrimos mão do desejo de saber o que dizer, quando dizer e como dizer. Ou temos controle, ou temos inteireza, as duas coisas não convivem bem. A vida, as conversas, os encontros não cabem em uma planilha de Excel.

Não dá para viver sem sentir

Quando o meu filho mais velho tinha pouco mais de 1 ano e 2 meses, descobri minha segunda gravidez. Quase entrei em colapso. Lembro claramente do dia em que as duas listras aparecem no teste de gravidez. Eu repeti "eu não vou dar conta!", em lágrimas, infinitas vezes. Como algo tão grande podia acontecer sem que eu tivesse planejado? Assim que Helena nasceu, a vida virou um caos. Eu, que me considerava uma boa mãe para um, passei a me julgar como um prato de merda para dois. Havia sempre uma criança chorando, e eu precisava escolher qual das duas atender. Eram dois bebês com demandas diferentes, e eu tinha, e ainda tenho, apenas um colo. Qualquer ilusão de controle ruía em minha rotina. Acontece que eu não gosto de não ter controle. Não gosto da sensação de vulnerabilidade que a ausência de controle traz. Não gosto de não ter planos, de não saber o que fazer. Não gosto de não fazer nada. Iniciei então uma das dietas mais rigorosas que já fiz na vida, porque eu precisava controlar alguma coisa, e já que a vida com dois bebês destruía as minhas ilusões, eu ia controlar o que conseguia: carboidratos.

Certa vez, durante uma consulta com o terapeuta, ele me perguntou o que aconteceria se, diante da situação que eu havia narrado, eu não fizesse nada. "Como assim?", respondi com uma pergunta, porque eu realmente queria saber se ele havia me perguntado o que entendi. "E se você não fizesse nada?" "Mas não dá para não fazer nada!" Em meu padrão de comportamento, fazer nada sempre foi sinônimo de passividade e impotência. Como assim vou deixar que a vida aconteça sem tentar moldá-la às minhas expectativas? Como assim vou ficar parada sem tentar controlar o incontrolável? Insatisfeito com a minha resposta, e levando a sério sua função de me ajudar a ver a mim mesma, ele insistiu: "O que você sente quando não pode fazer nada?" Eu, a Elisama da comunicação não violenta, que estuda e nomeia sentimentos há um bocado de anos, não encontrei uma palavra sequer para descrever o coração acelerado e a tensão que percorria o meu corpo em me imaginar sem agir. Usei uma imagem para descrever a sensação, já que nenhuma palavra parecia capaz de abarcar o tamanho da angústia. "É uma sensação tão primária que não encontro palavras que caibam. Uma sensação de desproteção, como se eu estivesse em um campo aberto, sozinha, nua. Só de imaginar, meu corpo treme."

Uma sensação primária. Infantil. A sensação da criança que tem bem pouca autonomia e direito de escolha em sua rotina. A sensação de quem sabe que o castigo, a palmada, o grito e todos os sentimentos absurdamente assustadores que eles trazem podem aparecer de uma hora para a outra, sem aviso prévio. A sensação da criança que quer fazer tudo certo para não sentir dor. Certa vez Einstein foi questionado sobre a pergunta mais importante que poderíamos nos fazer. Esperava-se que respondesse algo sobre a relatividade ou questões mais geniais, mais eis que ele surpreendeu com: "O universo é amigável?" Uma parte considerável de nós aprendeu, na infância, que depende. Depende do quanto você se comporta, do quanto faz as coisas como elas devem ser feitas. Do quanto agrada papai, mamãe, a professora e os outros adultos. Depende do lado da gangorra do poder que você ocupa.

Não há pai e mãe que seja só amor. Nossos pais ou outros cuidadores são humanos e, como humanos, erraram. Tinham dias ruins. Tinham as suas feridas, as suas angústias. Tinham uma história que precedia a nossa existência. Mas fomos ensinados a vê-los apenas como nossos pais e a nos responsabilizarmos por suas atitudes, humores e descontroles. "Bati porque você mereceu!", "Você está me pedindo para te bater!", "Assim papai fica triste", "Você tira a minha paciência!" Frases como essas deixavam subentendida a mensagem: "Posso ser só amor e carinho e colo e bondade se você fizer tudo certo." Não, não podiam. Essa é uma mentira que repetimos para nós mesmos e transferimos para outras relações. Se nos comportarmos direitinho, fizermos tudo como deve ser feito, teremos apenas o lado bom da vida. Se as pessoas fizerem tudo como esperamos, terão apenas o lado bom de nós mesmos. Mas somos mais complexos que isso. Papai e mãe eram mais complexos que isso. A vida é mais complexa que isso.

Não importa o quanto você segue se comportando bem, fazendo tudo como deve ser feito. Não importa o quanto controla os carboidratos, a saúde, os números no trabalho: a vida não será apenas boa para você. Não será feita apenas de sorrisos e sabores doces. Viver, entre outras coisas, dói. Não há como fugir dessa dor. Não há como prever o que pensarão de você quando contar que vai mudar de emprego, mesmo sendo *bem-sucedido* no que está. Não dá para ter certeza de que tudo dará certo: saindo ou ficando, agindo ou esperando. Um câncer ainda pode aparecer, aquele assalto ainda pode acontecer. Claro que algumas atitudes reduzem ou aumentam os riscos, mas é uma ilusão infantil acreditar que bons meninos e boas meninas não sofrem. Ou que homens e mulheres poderosos mandam na vida e no que lhes acontece.

A ilusão de que podemos evitar as dores da vida nos faz senti-las com ainda mais intensidade. Fugimos das conversas difíceis, das situações que exigem de nós a demonstração do nosso limite e querer, dos momentos em que precisamos nomear e reconhecer as nossas dores porque acreditamos que podemos viver sem sentir as incertezas e angústias da vida. Nós nos entorpecemos numa tentativa infrutífera de não reconhecer as partes de nós que suplicam por cuidado e ação. Horas em redes sociais, bebida, comida, cuidado com a vida alheia, somos criativos nas diversas formas de fugirmos da nossa dor, de fingir que ela não existe, de esperar que ela simplesmente passe sem que tenhamos que olhar para ela. E, quando menos esperamos, quando baixamos a guarda e paramos de nos distrair de nós mesmos, ela aparece, trazendo uma tristeza ainda maior do que a que sentíamos antes, infestando as nossas relações com uma insatisfação constante. Abalando a nossa saúde, ofuscando o brilho da nossa vida.

Ficamos presos a situações que nos machucam, porque a dor conhecida é menos assustadora que o que podemos encontrar no futuro sem ela. O que pode acontecer se você finalmente contar para seu companheiro que está descontente com os rumos que o casamento está tomando? O que pode acontecer se você chamar sua chefe para conversar e informar que o que está designando para você é um acúmulo de função? O que pode acontecer se pedir aos seus pais que parem de criticar seu jeito de educar? Sim, existe a possibilidade real do seu companheiro ou companheira assumir que se sente como você e que, talvez, o melhor caminho para ambos seja o divórcio. Pode ser que sua chefe demita você e que seus pais se chateiem a tal ponto de não quererem mais conviver com sua família. Sim, seus maiores medos podem se concretizar. E também pode ser que não. Pode ser que, após a conversa que você está com medo de ter, vocês iniciem uma terapia de casal, façam novos acordos e encontrem uma nova forma de estarem juntos. Pode ser que sua chefe esteja aberta a uma negociação e sua atuação na empresa seja diferente. Pode ser que seus pais, mesmo não concordando com sua forma de educar, decidam respeitar seu espaço e sua forma de lidar com seus filhos. Não existe risco zero. Não encontraremos relações que despertem apenas a felicidade, a alegria e a tranquilidade em nós.

Na verdade, para alguns de nós, a alegria pode ser algo assustador. Dependendo das referências que guardamos das nossas histórias de vida, relações que nos trazem tranquilidade, relaxamento e conforto são tão diferentes de tudo que já vivemos e experimentamos que simplesmente nos assustam. Alguns de nós se acostumaram tanto com o coração sobressaltado e o medo do que pode acontecer que não conseguem respirar aliviados em momentos de paz. Dizemos que queremos fugir da dor, mas, por vezes, não sabemos o que fazer sem ela. Estamos apegados ao que falamos sobre ela, às narrativas repetitivas que nos colocam paralisados em nossa própria vida. Não, não vou iniciar agora um papo de meritocracia e encerrar o livro com um *basta querer!*. A sociedade é muito mais complexa que as receitas prontas de sucesso, em regra, ditas por homens brancos que nasceram com pontos de partida privilegiados na corrida da vida. Acontece que a voz contadora de histórias em nossa cabeça narra a vida e seus desdobramentos de uma maneira rasa e imprecisa. Ela fica na superfície, com medo de se aprofundar verdadeiramente nas nossas essências e perceber que não tem o mínimo controle sobre os rumos da história. Ela quer previsibilidade, e a vida é imprevisível.

Das coisas mais poderosas que aprendi nos últimos anos, observar meus sentimentos foi, sem dúvida, a mais importante. Observar sem julgá-los como certos ou errados. Observar sem dizer o que eu deveria estar sentindo. Observar e assumir o que dói e o que essa dor me conta sobre mim. Sentimentos são bússolas que apontam para as nossas necessidades que estão ou não sendo atendidas. Eles nos falam sobre a nossa vida e o que precisa ser cuidado, movido, transformado e mantido. Aprender a acolhê-los faz da nossa vida um lugar melhor. Não dá para viver sem sentir. A opção *sem sofrimento, angústia, frustração e decepção* não veio *de série* e você não pode pedi-la como quem dispensa as fritas para acompanhar o hambúrguer. Nossas energias são mais bem investidas quando seguimos as pistas deixadas pelos nossos sentimentos e entendemos o que elas dizem sobre nós.

Lembro de Bia, que volta e meia me procurava para falar sobre o casamento. A relação de quase quinze anos não fazia sentido havia muito tempo. Via-se distante do marido, insatisfeita com a forma com que interagiam, com o que haviam se tornado ao longo dos anos. Quando perguntava qual o maior medo que tinha de conversar com ele sobre o que falava comigo, ela afirmava que tinha medo de encarar o fim. Queria adiar a conversa o máximo que pudesse, por mais que soubesse que as coisas estavam absolutamente insustentáveis. Por mais que não precisasse financeiramente dele, como sabia que era o caso de muitas mulheres que se mantinham em relações infelizes, ela precisava do casamento, dos problemas que ele tinha, da vida focada no outro para fugir das duras verdades sobre a própria vida. Certo dia, ela me ligou contando que o marido havia saído de casa. Por tanto tempo ela evitou a conversa sobre o que seria do futuro dos dois que não lembrou que ele também poderia estar descontente com a vida que levavam. Com o quarto vazio e a casa silenciosa, Bia encarou a dor da qual fugia. Enquanto não se permitia sequer perguntar a si mesma se ainda amava o marido e queria seguir com ele, a vida tomava seu curso sem lhe pedir permissão. Tentar fugir da dor não a impediu de enfrentá-la.

Não chegaremos a um momento da vida em que as dores não aparecerão. Não chegaremos a uma fase em que não seremos invadidos pela insegurança, angústia, tristeza. Quando eu era criança, tinha verdadeiro fascínio por escritores. Eu amava livros e achava que quem os escrevia tinha uma vida mágica e encantada, muito diferente da vida dos outros mortais. Ao chegar na casa de uma tia, eu corria até a revista que continha, nas ultimas páginas, a lista dos livros mais vendidos do país. Eu era uma menina de cerca de 9 anos e sonhava que um dia meu nome estaria lá. E, quando esse dia chegasse, ah, eu estaria no auge da minha vida. Eu seria tão feliz, tão segura, tão adulta, que nada me abalaria. Vários anos depois, o sonho se realizou. O *Por que gritamos* ficou, por duas semanas, na lista de mais vendidos do país. Eu tinha chegado lá, o *lá* que a Elisama menina idealizou em suas tardes de domingo. Acontece que as tristezas continuaram aparecendo. Eu continuo com mais dúvidas que certezas. A vida ainda me assusta e faz com que me sinta uma criança. Não me livrei de nenhum dos sentimentos que eu, até então, acreditava que sentia porque era uma criança. E que cresci e acreditei que ainda sentia porque não tinha chegado lá. Demorei a entender que não existe *lá*.

Nenhum dos seus sentimentos é ruim, feio ou inadequado. Nenhum deles é uma prova da sua incompetência ou existe apenas porque você ainda não realizou seus sonhos ou não alcançou a maturidade que acha que deveria. Não existe um botão que possa fazer com que eles se desliguem e simplesmente desapareçam. Não importa o quanto você tente controlar, ignorar, entorpecer, fugir; conviverá com seus sentimentos até o seu último suspiro. Quando vai parar de brigar com eles? Não sei quantas vezes recebi a pergunta: "Como me controlo?", "Como controlar a minha raiva?" Vivemos com essa busca insana por um controle que nos possibilite pausar esse ou aquele sentimento, excluir aquele outro, aumentar o volume do outro. Queríamos ter o poder de controlar os filmes que passam por nossa cabeça e aceleram nosso coração. Mas não o faremos. Podemos escolher como vamos agir diante dos sentimentos, mas não temos qualquer controle sobre quando eles surgirão em nossa vida. Quanto mais resistentes estamos ao que sentimos, mais difícil fica lidar com cada sentimento. O caminho não é o do controle, mas o da aceitação. Da curiosidade. De entender que sentir faz parte da vida e que o máximo que podemos fazer é escolher como vamos agir diante de cada um dos sentimentos que surgem. É aprender a regular as emoções, com amorosidade a cada uma delas. É ter a curiosidade de escutá-las e saber que mensagens trouxeram sobre nós.

Força e vulnerabilidade

Perguntei em minhas redes sociais quais os momentos em que as pessoas se sentiam mais vulneráveis. Quando conseguiam se despir da ilusão de que podiam controlar o incontrolável? Que situações da vida as faziam perceber que vivemos sem qualquer garantia de resultado e que a parte que nos cabe é viver com todo o coração? Compartilho com você algumas das respostas:

"Vulnerabilidade foi ter gêmeos e um ter ficado na UTI e o outro em casa, nunca me senti tão exposta, vulnerável e sozinha, mesmo com pessoas ao meu redor. Foi a vez em que me vi mais vulnerável na vida toda. Encontro hoje minhas vulnerabilidades diversas vezes, mas aquele momento foi quando me enxerguei e me vi mais vulnerável como nunca antes."

"Para mim, vulnerabilidade é quando deixamos o outro ver nossas fraquezas e medos, o que, a meu ver, não é ruim, é mostrar-se humano. Todos somos vulneráveis, e deixar isso à mostra, para mim, é realmente baixar a guarda, se entregar de verdade. Me sinto vulnerável quando vejo desenhos e choro muito, rs. Me sinto vulnerável quando olho meu filho dormir. Me sinto vulnerável quando penso que a vida acontece sem perguntar nosso querer."

"Sempre tive a ilusão de ter o controle das coisas. Quando engravidei, descobri na gestação que a minha filha tinha pé torto congênito. Me vi diante de um medo absurdo de não ter o controle e precisar encarar a minha vulnerabilidade."

"Vulnerabilidade é quando aceito que não consigo controlar tudo e tenho que delegar, confiar, entregar, solicitar ajuda."

"Me sinto vulnerável agora, chegando aos 60... Numa caminhada de aceitar que tenho menos tempo pela frente do que já tive, que as perdas serão mais frequentes e que o esforço de controlar tudo (tenho TAG) é mais nocivo que a própria vulnerabilidade."

"Vulnerabilidade, para mim, é dar espaço para as minhas filhas saírem sozinhas, confiando que farão escolhas adequadas para elas, mesmo eu tendo vontade de sair correndo atrás e observar, e talvez interferir."

"Eu me sinto completamente vulnerável quando penso na possibilidade de deixar minha filha ou ficar sem ela. Aqui estou falando de algo que não posso controlar, como a separação pela morte, chega a doer a barriga, a cabeça, o coração..."

São muitos os exemplos possíveis. Segundo Brené Brown, em *A arte da imperfeição*, a vulnerabilidade permeia as nossas vivências mais importantes. Ela está presente quando, depois de um encontro incrível, temos a coragem de enviar uma mensagem dizendo "adorei te ver, espero que a gente possa repetir a dose em breve", mesmo que tenhamos medo de parecer grudentos e carentes. Ela está presente quando dizemos "eu te amo" primeiro. A vulnerabilidade está presente quando algo bom e sonhado acontece e quase duvidamos do nosso merecimento por sermos tão felizes. A vulnerabilidade está presente quando investimos energia e sonhos em um novo projeto ou em um amor. Ela está presente quando baixamos a guarda e nos permitimos viver, apesar do medo, da incerteza, do risco.

Acontece que a maioria de nós aprendeu a criar muros para nos protegerem. Aprendemos a negar nossa humanidade porque assumi-la poderia nos deixar frágeis, desamparados, desprotegidos. O que o outro pode fazer se souber meus sonhos? Se souber que estou com medo? Se souber que desejo a companhia dele? O que vai fazer se souber que errei, que me atrapalho, que sou miseravelmente humana e cheia de imperfeições? Passamos parte do nosso tempo nos protegendo das possíveis ameaças, dos possíveis abandonos, dos possíveis desenganos. Nós nos condenamos à solidão porque temos medo da solidão. Afastamos quem se aproxima porque temos medo de sermos abandonados. Eu me lembro da mãe de uma amiga que criticava o filho adolescente de uma maneira tão intensa que me angustiava. "Essa roupa está ridícula, tire!", "Pare de fazer tanto barulho mastigando, está comendo pedra?", "Que postura feia! Sente-se direito!" Cada grito, cada crítica era gerada pelo medo. Ela tinha um medo tão grande de ver o filho sendo criticado pelas pessoas que conheceria ao longo da vida, de que ele sofresse toda a ausência de aceitação e afeto que ela mesma viveu, que o fazia sentir toda aquela dor imediatamente. Por medo de que ele sofresse, ela o fazia sofrer.

Se a vulnerabilidade aparece quando erramos, quando nos vemos menos que perfeitos, quando não temos qualquer garantia do que nos acontecerá, como reagimos a ela? Quais são as formas que você encontra de driblar a nudez que ela impõe? Constrói grandes muralhas ao redor do seu coração para protegê-lo? Torna-se intolerante às falhas e aos tropeços do outro? Culpa quem se aproxima pelas suas falhas? Você se isola? Come? Bebe? Briga, grita e se irrita? Alimenta discursos mentais que repetem, inúmeras vezes, o quanto você é imbecil e incompetente? Que palavras usa sobre si e sobre o outro quando se percebe humano, demasiadamente humano?

Aprendemos que a força está em não sentir e esquecemos que o poder de transformação da vida está justamente em nossos sentimentos. A etimologia da palavra *emoção* é do latim *ex movere, mover para fora*. As emoções nos convidam a mudarmos de lugar, a sairmos do que nos incomoda. São elas que nos fazem humanos e nos conectam ao outro. Mas na ilusão de nos mantermos fortes e inatingíveis, fingimos não sentir: o medo, a angústia, a frustração, a incerteza, a decepção, o desejo, o amor, a carência. E nos acomodamos a situações que pedem o movimento que apenas as emoções possibilitam. Certa vez, durante uma conversa com Ligia Fabreti, uma amiga, ela me disse que quando eu como para aliviar a dor dos meus problemas, entorpeço a dor, mas também entorpeço a força. Levei um tempo digerindo a fala e percebendo o poder que ela tem. Se não fingir não sentir, o que eu farei? Se não engolir a dor com uma fatia de bolo de chocolate, que movimentos iniciarei? Quantas palavras, dores, medos, preocupações e tristezas engoli quando tudo de que precisava era deixar que existissem e crescessem a ponto de não mais me deixar tolerar o que claramente se mostrava intolerável?

Quanto da sua vida tem ficado do lado de fora desse muro que você criou para se defender da dor? Quem paga pelo que você considera ser a sua força? E o que pode fazer para sustentar uma força real, vulnerável, humana, imperfeita? No primeiro capítulo, citei um trecho do filme *Procurando Nemo*, em que Marlin conta para Dory que prometeu ao seu filho, Nemo, então desaparecido, que nada aconteceria a ele. E Dory, com uma feição confusa e reflexiva, afirma: "Coisa estranha de se prometer. Se nada acontecer ao Nemo, então nada vai acontecer ao Nemo." Quanto de energia você tem gasto buscando manter a absurda promessa de que nada vai acontecer? Que conversas tem evitado, de que assuntos tem fugido, de que encontros tem desviado? Quanto da sua força real tem anestesiado buscando entorpecer a dor?

As conversas mais importantes da sua vida vão escancarar as suas vulnerabilidades. Vão apertar seu coração e fazer você perguntar a si mesmo se não é melhor deixar tudo como está. Não haverá garantias. Nunca há. Lembre-se de que é na conexão com seus sentimentos e suas necessidades que está sua força. Quanto mais você assume e cuida do que vive em você, mais força terá. Força para lidar com os tropeços da vida, força para levantar quando as quedas forem inevitáveis. Força para descobrir a força que você nem sabia que existia em si. Uma das músicas que mais cantarolei em 2020, em meio ao caos pandêmico, foi uma composição de Flaira Ferro e Igor Carvalho, com a participação do cantor Chico César, "Suporto perder". A plenos pulmões eu gritava no meio da sala: "Eu tenho suporte, eu suporto perder!" A vida não será apenas de vitórias para nenhum de nós. A construção dessa rede de suporte que nos ajuda a suportar a perda é alicerçada em vulnerabilidade. É construída com corações abertos, reconhecimento e acolhimento da dor. Se as dores certamente nos atingirão, como está o seu suporte? O que pode fortalecer você para que suporte perder?

A vergonha da vergonha

Em 2019 a minha carreira estava em ascensão. Eu havia lançado o *Educação não violenta*, e os convites para palestras e eventos estavam surgindo como nunca. Estávamos saindo da fase de maior dificuldade financeira que tínhamos vivido, e meu marido e eu combinamos que eu aceitaria o máximo de trabalho possível e que ele daria todo o suporte necessário com as crianças. Por anos fui eu quem focou nas crianças enquanto ele cuidava da carreira, e aquela era a minha vez. Certo dia, enquanto organizava as coisas em casa para pegar as crianças na escola, recebi uma mensagem no grupo de pais e mães no WhatsApp. Aqui preciso abrir um parêntese. No dia em que o tal grupo foi aberto e o meu número acrescentado, vi que o nome do grupo era "Mamães do primeiro ano". Meu marido não foi colocado no grupo, apenas eu. Imediatamente me manifestei dizendo que Miguel era educado por pai e mãe, que o nome do grupo deixava subentendido que a responsabilidade pelas crianças era apenas das mulheres e que esse era um retrato social que não queríamos manter. Solicitei que mudassem o nome e que meu marido fosse incluído, assim como os demais pais. Dois minutos no grupo e eu já era a mãe problemática. Ok, é a vida, pensei. Pois bem, abri o tal grupo e lá estavam várias mães — apenas elas interagiam, alguns pais haviam saído assim que foram incluídos, porque, segundo eles, era desnecessário ter os dois ali — combinando os detalhes das roupas das crianças para a festa junina.

Eu havia esquecido completamente que existia festa junina, que crianças ensaiam e fazem apresentação de danças nessa época, sobretudo onde morávamos, no Nordeste. Qual seria a data da festa? Que tipo de mãe eu era que não sabia sequer o dia da festa preferida dos filhos na escola? Procurei incessantemente nas mensagens antigas, aquelas que várias vezes ignorei porque estava ocupada demais trabalhando, e não encontrei nenhuma informação. O horário de saída da escola das crianças estava chegando e eu não podia me atrasar. Entrei no carro repetindo a ladainha mental de que era uma péssima mãe. Coitados dos meus filhos. Se a festa fosse naquele final de semana, o que usariam? Assim que cheguei na escola, algumas mães conversavam na porta da sala. O assunto, claro, era a tal festinha. Eu me aproximei, sorrindo educadamente, com a voz da culpa me dizendo que os meus filhos perderam na loteria da vida. "Estou tão atrapalhada, qual é mesmo o dia da festa?" Responderam em coro, claro, porque elas sabiam, e a única que não se importava de verdade com os filhos era eu. Tá, talvez não tenham respondido em coro, mas foi assim que a voz julgadora em minha mente percebeu a situação. Assim que escutei o dia da festa, senti o corpo gelar. Vasculhei a minha mente, torcendo para estar enganada. Eu tinha um evento naquele dia. Eu estaria a mais de 2 mil quilômetros de distância, enquanto meus filhos estariam dançando quadrilha e me procurando na plateia. Alguma delas me perguntou algo e eu não escutei. Congelei um sorriso na cara, peguei meu filho, me despedi de todas e saí, querendo me teletransportar, desaparecer. Pode ser que você esteja pensando: *Mas era só uma festinha da escola*. Acontece que meus filhos seriam os únicos sem a mãe na tal festinha. E talvez sem a roupa específica também. Mais uma vez me perguntei que tipo de mãe eu era, como se mães fossem como arroz, que podemos separar por tipo. Eu era a mãe arbóreo, agulhinha ou parboilizado?

Eu me tranquei no quarto e chorei, porque aquela era uma prova clara da minha incompetência como mãe. A contadora de histórias em minha cabeça me contava que meus filhos ficariam traumatizados para sempre porque eu não estaria lá Lembrava-me das várias cenas de filme em que crianças procuravam seus cuidadores durante a apresentação na escola, com os olhinhos ávidos e ansiosos e, quando não os encontravam, baixavam o olhar e uma lágrima solitária e dolorida escorria pelo rosto. Lá estava eu, protagonizando meu drama novelesco e tendo a certeza de que meus filhos jamais me perdoariam. Imaginei as mães me olhando, de maneira impiedosa, me julgando a feminista problemática que pouco se importa com os filhos. É provável que cada uma delas estivesse ocupada com os próprios conflitos e que nem tenha pensado em mim, mas, claro, a minha mente me fazia acreditar que os meus erros estavam sendo exibidos em um telão para todos assistirem. Naquele instante a vergonha operava em mim a todo vapor. A vergonha que nos faz esquecer que errar é humano. Ela, que nos faz acreditar que somos um erro. Que reprisa nossas falhas incessantemente, fazendo com que percamos a perspectiva e a noção de quem somos

A vergonha aparece quando agimos de forma diversa da que gostaríamos ou da que gostariam que agíssemos. Ela é uma transgressão à imagem que planejamos para nós. Ela nos atordoa, nos desnorteia. Temos vergonha de falar sobre a vergonha e assim nos afundamos ainda mais em seu lamaçal. A saída para as situações vergonhosas é a conversa: conosco e com quem sabemos que terá empatia em nos escutar. Em *Eu achava que isso só acontecia comigo*, Brené Brown propõe seis perguntas que nos auxiliam no caminho para o desenvolvimento da resiliência e nos ajudam a recuperar o fôlego após mergulharmos em doses cavalares de vergonha. Vou compartilhá-las com você, torcendo para que as inclua em sua vida. Para um entendimento mais simples, vou respondê-las utilizando o exemplo que dei anteriormente. Antes de responder às seis perguntas, Brené Brown propõe que assumamos as nossas expectativas, dividindo-as em *expectativas desejadas* e *expectativas indesejadas*.

As minhas expectativas desejadas eram: eu queria ser uma boa mãe e, como tal, queria ser acolhedora e amorosa com os meus filhos, estando presente sempre que precisassem. Queria ser participativa nos momentos importantes da vida, e isso incluía todas as festinhas de escola e de aniversário de amigos que julgassem importantes. Na realidade, eu queria não perder nada, nunca, do desenvolvimento deles. Também queria ser exemplo de alguém feliz e bem-resolvido no trabalho. Queria ser uma mãe de quem eles se orgulhassem.

As minhas expectativas indesejadas eram: não queria parecer uma mãe que não se importa, que prioriza o trabalho em vez das pessoas que ama. Não queria que as pessoas achassem que meus filhos têm uma mãe que não considera importante estar presente nas pequenas alegrias da vida deles.

Ciente das expectativas, começamos a responder às perguntas:

Pergunta 1 — Minhas expectativas são realistas?

Qualquer expectativa que inclua *sempre* e *todas* não é realista por um motivo muito simples: não somos constantes. Acreditar que podemos ser ou estar sempre de um mesmo jeito é ignorar uma das coisas mais certas da vida: a sua mutabilidade. Por mais frustrante que possa parecer, eu não estarei sempre com eles, todas as vezes que precisarem. Minha humanidade não me permitirá isso.

Pergunta 2 — Posso ser tudo isso o tempo inteiro?

Essa é bem fácil de responder. Independentemente da minha ou da sua expectativa, jamais seremos a mesma coisa o tempo inteiro. Em alguns dias não serei doce e acolhedora, em algumas situações eles odiarão meu trabalho em vez de se orgulharem dele. Em alguns momentos eles vão preferir que eu esteja em casa vendo TV que ao lado deles (adolescência, é você?). Em algumas situações eles vão precisar de mim e eu estarei emocionalmente indisponível, porque, às vezes, não temos nada de bom para oferecer para ninguém. Não, eu não serei essa pessoa idealizada o tempo inteiro.

Pergunta 3 — Existe conflito entre essas expectativas?

Não é difícil perceber que a resposta é *sim*. Quem consegue ser bem-sucedido em uma profissão e estar o tempo inteiro com as crianças? É óbvio que é incompatível, é normal ter de abrir mão de algumas horas com as crianças para me dedicar a outros projetos e sonhos, e tudo bem. No final das contas, as minhas duas maiores expectativas são conflitantes! Quero estar cem por cento no trabalho e cem por cento com os filhos. Não vai rolar. Trabalhar como se não tivesse filhos e cuidar dos filhos como se não tivesse trabalho; com essas expectativas, é claro que volta e meia vou me frustrar. Expectativas enormes alimentam frustrações enormes.

Pergunta 4 — Estou descrevendo quem eu quero ser ou quem os outros querem que eu seja?

Quero ser uma mãe acolhedora e que dá orgulho aos filhos. Quero ser exemplo e, até aqui, sei que essas são expectativas minhas, não que colocaram em mim. Mas lembro de um dia em que iniciei uma discussão com o marido por conta da cor dos panos de prato. Estavam sujos e amarelados, e eu passei alguns minutos brigando e reclamando porque, se eu não os deixasse brancos e limpos, ninguém o faria. Ele me olhava com uma cara de *do que você está falando?, são apenas panos de prato!*, enquanto eu reclamava como se as crianças estivessem repetindo a mesma calcinha e cueca há uma semana.

Um tempo depois, refletindo sobre o motivo de me sentir tão incomodada, escutei em minha mente a minha mãe dizer: "Sua avó dizia que conhecemos a qualidade de uma dona de casa pela cor dos panos de prato!" Eu estava brigando por acreditar que a cor dos panos de prato poderia determinar a minha competência como mulher! Quantas expectativas irreais assumimos sem sequer perceber? Quanto do que é importante para você é apenas uma mera repetição da expectativa alheia?

Pergunta 5 — O que acontece quando alguém me associa a uma dessas identidades indesejadas?

Se alguém pensar que sou uma mãe desleixada, que não cuida dos filhos ou não os acolhe, que não se importa com os seus sentimentos e quereres, eu sinto uma imensa vergonha. Muita vergonha. Uma vergonha que me faz querer provar que não sou assim, que me faz perder a perspectiva e a noção de quem sou.

Pergunta 6 — Posso controlar como os outros me veem? Como tento fazer isso?

É impossível controlar como os outros nos veem. Lógico que eu jamais vou conseguir controlar a imagem que as pessoas criam sobre mim. Mas sei que volta e meia eu tento. Tendo a pensar no julgamento dos outros antes de agir, buscando agradar a todos ou me esforçando para controlar o comportamento das crianças e as coisas que acontecem até quase adoecer.

Brené Brown chama esse exercício de "praticar a consciência crítica". O exercício de perceber que estamos buscando fugir da vergonha nos afundando em expectativas e ações que apenas nos farão mais e mais infelizes. Quando paramos de sentir ainda mais vergonha das situações que nos trouxeram vergonha e olhamos para nós e para o que vivemos, diminuímos o volume das histórias que surgem em nossa mente e que nos fazem duvidar do nosso valor. Substituímos a voz julgadora por uma mais acolhedora, amorosa e, principalmente, realista com quem somos. Brené Brown afirma que podemos fazer isso de três formas diferentes:

- *Contextualizando*. Criando um panorama que enxerga a situação com maior amplitude, como respondendo às seis perguntas propostas.
- *Normalizando*. Normalizar é duvidar dos pensamentos que afirmam que isso só acontece conosco. É perceber que não somos as únicas pessoas no universo que erram e se atrapalham. Você não é a única pessoa do mundo que fala em um momento em que seria melhor calar, que ofende pessoas que ama sem querer e que falha mais vezes do que gostaria. Eu não fui a primeira, nem serei a última mãe do mundo a perder a festinha dos filhos por conta do trabalho. A imperfeição é algo normal.
- *Desmistificando*. Essa é a forma mais difícil de lidar com a vergonha, mas também é singularmente poderosa: conversar com outras pessoas sobre o assunto. Ser escutado ou escutada e receber compaixão. Falar sobre o nosso erro, fazer com que deixe de ser um fantasma e seja visto, olhado, observado. Cuidar de nós. Lembrar que um comportamento, fala ou atitude não muda quem somos. Desmistificar é permitir que a conversa e o encontro com o outro nos dê colo e amparo. A principal forma de lidar com a vergonha é falar sobre ela.

Merecimento e amor

Na capa da apostila que eu entregava para os participantes de um *workshop* que ministrei por três anos pelo país havia o seguinte parágrafo:

> Quero que ele conheça exatamente a coisa especial que ele é, senão não perceberá quando ela começar a ir embora. Quero que ele permaneça desperto e veja as possibilidades mais loucas. Quero que ele saiba que vale a pena fazer de tudo só para dar ao mundo um pequeno pontapé quando se tem a chance. E quero que ele saiba a razão sutil, fugidia e importante pela qual nasceu humano, não uma cadeira.

A citação da peça *Mil palhaços*, de Herb Gardner, é uma das falas mais bonitas que já li. Eu iniciava os eventos com ela como um convite para que as pessoas refletissem sobre o motivo de estarem ali. O tema era "Educação não violenta" e, em regra, a sala se enchia de pais e mães ávidos por respostas e passo a passos que ensinassem como agir com as crianças em seus momentos mais desafiadores.

Alguns sentavam com cadernos abertos e canetas a postos, olhos fixos em mim, aguardando a grande resposta. O que fazer quando as crianças não querem tomar banho e nenhum pedido adianta? O que fazer quando desferem tapas de novela em quem lhes desagrada? O que fazer com o escândalo no supermercado por causa do maldito pacote de jujuba? A grande maioria não queria enrolação. Queria saber o que fazer, como fazer. Eu começava o evento lendo a citação em voz alta e fazendo uma pergunta: "Hoje, enquanto se organizava para vir pra cá, você lembrou a razão sutil, fugidia e importante pela qual nasceu humano, não cadeira? Qual foi a última vez que pensou nisso?" Algumas pessoas me olhavam com uma cara de quem comeu e não gostou: *O quê? Não vim aqui para isso!*, elas me diziam, sem palavras. Outras ficavam em silêncio, digerindo a incômoda pergunta.

Eu queria que refletissem. Explicava que, quando penso em mudar a forma de educarmos as nossas crianças, penso na importância de educar seres que tenham consciência do quanto são únicos e especiais. Pessoas que sabem que, não importa o que façam ou falem, não importa o quanto errem e tropecem, merecem amor, carinho e respeito por serem quem são, porque todos merecemos. Aprendemos que somos cadeiras que podem ser desempenadas, lixadas, consertadas. Aprendemos que ser quem somos é pouco, precisamos ser mais. Esquecemos, sem perceber, a razão especial, fugidia e importante pela qual nascemos humanos e não cadeiras. Enquanto a maioria me procurava buscando formas de consertar a si mesmos ou aos filhos, eu queria lembrá-los de que nenhum de nós precisa de conserto.

Nas últimas páginas convidei você a olhar para lados seus que talvez não esteja acostumado ou acostumada a ver. Pedi que assumisse os seus lados imperfeitos, rancorosos, vingativos, mesquinhos. Convidei você a ter a coragem de olhar para si e para o outro com amorosidade e verdade. Não sei que sentimentos foram despertados no caminho, que histórias foram viradas e reviradas, de que expectativas você se despediu no percurso. Quero lembrar a você de que em nenhum momento seu valor esteve em jogo. Que olhar para as suas feiuras não diminuiu sua beleza.

Tenho a mania de terminar meus livros dizendo que somos suficientemente bons. Não melhores ou piores que ninguém, mas bons, incomparáveis, únicos. Somos bons sendo quem somos hoje. Podemos melhorar, evoluir, crescer, mas isso não pode sair de uma convicção equivocada de que não somos bons agora. Já.

As mudanças que tentamos implementar em nossa vida pedem tempo e treino. Você não vai começar a ser um poço de empatia e autoconsciência amanhã. Ainda vai agir impulsivamente e se arrepender de dizer algumas coisas assim que as palavras saírem da sua boca. Vai ser um péssimo ouvinte, vai cair na chantagem emocional ou vai fazê-la. Vai esperar do amor mais do que ele pode dar. Você vai fazer merda, e não há caminho que tenha cem por cento de eficácia para evitar isso. Espero que não falte abraço nos momentos de caos interior, escuta, empatia e compaixão nos instantes em que você duvidar de que merece recebê-los.

Por anos a fio, aprendemos que merecemos carinho, respeito e amor quando somos impecáveis, quando agimos conforme a cartilha. Acontece que merecemos amor sempre. Costumo falar para os pais e mães que me procuram que quando um filho está mais difícil de amar, é o momento em que ele mais precisa de amor. Quando estamos mais irritados, nervosos, impacientes, destrambelhados e ranzinzas, é o momento em que mais precisamos de conexão, de apoio e de amor. Devemos assumir as consequências das nossas falhas, nos esforçar para transformar as nossas estratégias trágicas em caminhos eficientes para o atendimento das nossas necessidades. Mas que sigamos entendendo que, feridos, precisamos de cuidado, não de castigo. Que saibamos respeitar o outro sem nos desrespeitarmos no caminho.

Somos potentes. Somos interessantes. Somos incríveis.

Mesmo errando. Mesmo sendo imperfeitos. Mesmo sendo miseravelmente humanos.

Que possamos ter conversas corajosas conosco e com o outro.

A conversa é o caminho para o entendimento.

Vale a pena. Eu acredito. Espero que você também!

Resumo do capítulo

- Achar que conseguiremos controlar o que nos acontece é uma ilusão que turva a nossa visão e nos desconecta do que vive em nós.
- Conversas verdadeiras acontecem quando abrimos mão do desejo de controlar o outro e o que ele deve pensar. Quando abrimos mão do desejo de controlar como vamos nos sentir. Quando abrimos mão do desejo de saber o que dizer, quando dizer e como dizer. Ou temos controle, ou temos inteireza, as duas coisas não convivem bem. A vida, as conversas, os encontros não cabem em uma planilha de Excel.
- Não importa o quanto você segue se comportando bem, fazendo tudo como deve ser feito. Não importa o quanto controla os carboidratos, a saúde, os números no trabalho: a vida não será apenas boa para você. Não será feita apenas de sorrisos e sabores doces. Viver, entre outras coisas, dói. Não há como fugir dessa dor.
- Não dá para viver sem sentir. A opção *sem sofrimento, angústia, frustração e decepção* não veio *de série* e você não pode pedi-la como quem dispensa as fritas que acompanham o hambúrguer. Nossas energias são mais bem investidas quando seguimos as pistas deixadas pelos nossos sentimentos e entendemos o que elas dizem sobre nós.
- As conversas mais importantes da sua vida vão escancarar suas vulnerabilidades. Vão apertar seu coração e fazer você perguntar a si mesmo se não é melhor deixar tudo como está. Não haverá garantias. Nunca há. Lembre-se de que é na conexão com seus sentimentos e suas necessidades que está a sua força. Quanto mais você assume e cuida do que vive em você, mais força terá.
- Contextualizar, normalizar e desmistificar são, segundo Brené Brown, formas eficazes de diminuir a onda de vergonha que nos inunda quando agimos de maneira contrária à que esperamos — ou que esperam de nós.
- Somos humanos, não cadeiras. Merecemos amor, carinho e respeito sendo quem somos, hoje, já.

AGRADECIMENTOS

Este não era um livro que estava em meus planos. Acostumada a escrever para pais, mãe e cuidadores, falar de comunicação não violenta (CNV) de uma forma mais abrangente era algo além das minhas intenções. Tanto se fala sobre o assunto, que mais eu teria para acrescentar? Até que um dia, conversando com uma amiga sobre CNV, entendi o que tinha a oferecer: meu olhar, minha vivência de mulher negra, nordestina e com certa tendência a responder aos desagrados com agressividade. Dentro dos vários estereótipos que rotulam as pessoas da minha cor de pele, a violência é um dos mais fortes. Há algo especial e revolucionário em ter uma mulher negra como referência em não violência na educação. Entendi que, sim, eu tinha algo a falar — e escrever.

As páginas que você leu não seriam possíveis se eu não tivesse uma boa rede de apoio que me dá suporte. Se não tivesse uma mãe que saiu da sua cidade e passou alguns meses em minha casa, me permitindo focar apenas na escrita. Obrigada por tanto cuidado e amor, por acreditar em mim, quando eu mesma duvidei. Mãe, você é incrível, te amo.

Agradeço a Isaac, meu parceiro, amigo, companheiro, que por diversas vezes apenas abriu os braços e me permitiu chorar o cansaço, a exaustão, as inseguranças e o caos que se apresentam quando decido escrever. Agradeço por ter, junto com a minha mãe, cuidado da casa e das crianças, me deixando o mais livre possível para trazer este livro ao mundo. Obrigada, meu amor, por acreditar em mim.

Aos meus filhos, por entenderem — ou não — os meus pedidos de "não falem comigo, estou escrevendo o livro!". Obrigada por despertarem em mim um novo olhar para a vida. Obrigada por me ensinarem sobre coragem, confiança, honestidade e amor. Que privilégio vê-los crescer! Que riqueza poder amá-los e ser amada por vocês!

À minha irmã, Déborah, que escutou as minhas reflexões, que interrompeu algumas vezes as próprias atividades para me ouvir ler trechos do livro e perguntar: "E aí, o que você acha?" Obrigada, irmã, por cada opinião, cada colo que me deu, mesmo a distância. Obrigada por comemorar cada vitória e chorar a cada tropeço do caminho. Nunca estive só porque você existe. Eu te escolheria como irmã por quantas vidas tivesse de vir.

Ao meu pai, que me ensinou a ter garra, coragem, persistência. Que acreditou nos meus planos mais loucos, desde muito nova. Obrigada por ter me ofertado o amor que me ofertou. Te amo demais.

Aos meus amigos e amigas, que receberam trechos, que escutaram meus choros, que fazem a minha vida melhor. Às amigas com quem não falo todos os dias, mas que sabemos que podemos contar umas com as outras, em qualquer momento. Citando Emicida: "O amigo é um mago do meigo abraço/ É mega afago, abrigo em laço/ Oásis nas piores fases quando some o chão e as bases/ Quando tudo vai pro espaço, é isso/ Quem tem um amigo tem tudo." Eu tenho tudo. Obrigada.

A Lívia, minha editora querida, que comprou a ideia deste livro sem sequer saber como ele seria, respondeu às minhas mensagens oscilantes e deu conta de lidar com uma ariana empolgada e ansiosa por alguns meses. Que coisa boa ter você no meu caminho.

Agradeço cada mensagem, cada carinho, cada história que recebo nas redes sociais. Em tempos de tanto ódio, minhas redes me enchem de amor. Obrigada por me presentearem com suas histórias, obrigada por me permitirem fazer parte de sua vida.

A você, leitor, leitora, leitore. Obrigada por ter escolhido este livro para acompanhar você em algumas horas do seu dia. Espero, de coração, que a leitura seja acolhedora como um abraço. Somos incríveis, não esqueça disso.

REFERÊNCIAS BIBLIOGRÁFICAS

ANGELOU, Maya. *Mamãe & Eu & Mamãe*. Rio de Janeiro: Rosa dos Tempos, 2018.
BEATTIE, Melody. *Codependência nunca mais: pare de controlar os outros e cuide de você mesmo*. Rio de Janeiro: BestSeller, 2013.
BOWLBY, John. *Formação e rompimento dos laços afetivos*. São Paulo: Martins Fontes, 2015.
BROWN, Brené. *A arte da imperfeição: abandone a pessoa que você acha que deve ser e seja você mesmo*. Rio de Janeiro: Sextante, 2020.
_____. *A coragem de ser imperfeito: como aceitar a própria vulnerabilidade, vencer a vergonha e ousar ser quem você é*. Rio de Janeiro: Sextante, 2016.
_____. *Eu achava isso que só acontecia comigo: como combater a cultura da vergonha e recuperar o poder da coragem*. —Rio de Janeiro: Sextante, 2019.
FORD, Debbie. *O lado sombrio dos buscadores da luz: recupere seu poder, criatividade e confiança, e realize os seus sonhos*. São Paulo: Cultrix, 2001.
FORWARD, Susan. *Chantagem emocional: quando as pessoas ao seu redor usam o medo, a obrigação e a culpa para manipular você*. Rio de Janeiro: Rocco, 1998.
FREUD, Sigmund. *Psicologia das massas e análise do eu e outros textos*. São Paulo: Companhia das Letras, 2011.
GOTLIEB, Lori. *Talvez você deva conversar com alguém: uma terapeuta, o terapeuta dela e a vida de todos nós*. São Paulo: Vestígio, 2020.
HOOKS, bell. *Erguer a voz: pensar como feminista, pensar como negra*. São Paulo: Elefante, 2019.
JUNG, Carl Gustav. *Sobre sentimentos e a sombra: sessões de perguntas em Zurique*. Petrópolis: Vozes, 2015.
MILLER, Alice. *A revolta do corpo*. São Paulo: Martins Fontes, 2011.
MULLER, Jean-Marie. *O princípio da não violência: uma trajetória filosófica*. São Paulo: Palas Athena, 2007.
OLUO, Ijeoma. *Então você quer conversar sobre raça*. Rio de Janeiro: BestSeller, 2020.
ROSENBERG, Marshall. *Amo você sendo quem sou*. São Paulo: Palas Athena, 2020.
_____. *Comunicação não violenta: técnicas para aprimorar relacionamentos pessoais e profissionais*. São Paulo: Ágora, 2006.

_____. *Juntos podemos resolver essa briga: paz e poder na resolução de conflitos*. São Paulo: Palas Athena, 2020.

_____. *A linguagem da paz em um mundo de conflitos: sua próxima fala mudará seu mundo*. São Paulo: Palas Athena, 2019.

_____. *O surpreendente propósito da raiva: indo além do controle para encontrar a função vital da raiva*. São Paulo: Palas Athena, 2020.

_____. *Vivendo a comunicação não violenta: como estabelecer conexões sinceras e resolver conflitos de forma pacífica e eficaz*. Rio de Janeiro: Sextante, 2019.

SAUJANI, Reshma. *Corajosa sim, perfeita não: cometa mais erros, viva sem medo e com ousadia*. Rio de Janeiro: Sextante, 2019.

SCHOR, Daniel. *Heranças invisíveis do abandono afetivo: um estudo psicanalítico sobre as dimensões da experiência traumática*. São Paulo: Blucher, 2017.

THE SCHOOL OF LIFE. *Relacionamentos*. Rio de Janeiro: Sextante, 2018.

Este livro foi composto na tipologia Minion Pro,
em corpo 11/16, e impresso em papel off-white,
no Sistema Cameron da Divisão Gráfica
da Distribuidora Record.